KB216441

주여 우리에게 자비를 베푸소서.
그리스도여 우리에게 자비를 베푸소서.
주여 우리에게 자비를 베푸소서.

일러두기

- 성서 표기와 인용은 『새번역』(2001)을 따르되, 경우에 따라 『개역개정』(1998)을 따랐습니다.
- 제시된 성서본문은 평일의 경우 세계 성공회 공동체에서 사용하는 주간성서정과Weekday Eucharistic Lectionary를, 주일의 경우 세계 다양한 교단에서 사용하는 개정성서정과Revised Common Lectionary를 따랐습니다.

함께 기도할 때

1. 인도자는 해당 날의 성서 구절과 묵상을 미리 읽고 준비합니다.
2. 공동체 기도는 기도 노트 앞에 있는 기도문을 활용하거나 적절한 다른 양식을 활용할 수도 있습니다.
3. 참여자들이 모두 모이면 침묵으로 기도를 시작합니다.
4. 이후 준비한 기도문에 따라 함께 기도합니다(기도문의 내용은 인도자의 판단에 따라 축약하거나 추가할 수 있습니다).
5. 순서에 따라 성서 독서와 묵상 본문을 읽고 잠시 침묵합니다.
6. 각자의 묵상 내용을 오른 편에 배치된 '나의 묵상'에 적고, 잠시 침묵합니다.
7. 인도자의 안내에 따라 돌아가며 자신이 적은 내용을 나눕니다(내용을 나눌 때, 다른 이들의 이야기를 교정하거나 판단하는 태도가 되지 않도록 주의합니다).*
8. 나눔이 끝나면 잠시 침묵하며 '나의 기도'를 적습니다. 묵상 나눔과 마찬가지로 각자의 기도를 나눕니다.*
9. 이후 기도문에 따라 함께 기도하고 마칩니다.

*은 참가자의 의향에 따라 하지 않을 수 있습니다.

작하는 시간에, 하루를 끝맺는 시간에 홀로, 혹은 함께 기
도하는 이 시간은 여러분의 풍성한 영적 양식이 될 것입니
다. 이 묵상집 겸 기도노트가 지금까지 비아의 책들이 그래
왔듯 신앙의 성숙을 위한 도구로 사용되기를 기도하며, 주
님의 사랑과 은혜를 깊이 경험하시기를 소망합니다.

홀로 기도할 때

1. 당일 본문에 책 끈을 꽂고, 맨 앞의 기도문을 폅니다.
2. 침묵으로 기도를 준비합니다.
3. 기도문을 천천히 읽으며 기도합니다.
4. 성서 독서와 묵상 본문을 읽을 때 해당 날짜에 해당하는
   페이지를 폅니다.
5. 성서 독서와 묵상 본문을 읽고 잠시 침묵합니다.
6. 자신의 묵상 내용을 오른 편에 배치된 '나의 묵상'에, 자
   신의 기도를 '나의 기도'에 적습니다. 잠시 침묵합니다.
7. 다시 기도문으로 돌아와 기도를 드리고 마칩니다.

기도문

✠ 아침기도

시작송가

주여, 우리 입을 열어 주소서.

우리가 주님을 찬미하리이다.

주여, 우리를 어서 구원하소서.

우리를 속히 도와주소서.

영광이 성부와 성자와 성령께

처음과 같이 지금도 그리고 영원히, 아멘.

아래의 시편 중 하나를 선택합니다.

시편 95편

어서 와 주님께 기쁜 노래 부르자.

우리 구원의 바위 앞에서 환성을 올리자.

감사노래 부르며 그 앞에 나아가자.

노랫가락에 맞추어 환성을 올리자.

주님은 높으신 분,

모든 신들을 거느리시는 높으신 임금님,

깊고 깊은 땅 속도 그분 수중에,

　　높고 높은 산들도 그분의 것,

바다도 그의 것, 그분의 만드신 것,

　　굳은 땅도 그분 손이 빚어내신 것,

어서 와 허리 굽혀 경배드리자.

　　우리를 지으신 주님께 무릎을 꿇자.

그는 우리의 아버지, 우리는 그의 기르시는 백성,

　　이끄시는 양떼, 오늘 너희는 그의 말씀을 듣게 되리라.

영광이 성부와 성자와 성령께

　　처음과 같이 지금도 그리고 영원히, 아멘.

시편 100편

　　온 세상이여, 주님께 환성을 올려라.

　　　마음도 경쾌하게 주님을 섬겨라.

　　기쁜 노래 부르며 그분께 나아가거라.

　　　그분이 주님이심을 알아라.

　　그가 우리를 내셨으니, 우리는 그의 것, 그의 백성,

　　　그가 기르시는 양떼들이다.

　　감사기도 드리며 성문으로 들어가거라.

　　　찬양노래 부르며 뜰 안으로 들어가거라.

주님 어지시니 감사기도 드리며

　그 이름을 기리어라.

그의 사랑 영원하시니

　그 성실하심 대대에 이르리라.

영광이 성부와 성자와 성령께

　처음과 같이 지금도 그리고 영원히, 아멘.

부활절에서 성령강림절까지는 아래의 송가를 사용합니다.

부활송가(고전 5:7~15:20~롬 6:9~11)

할렐루야.

유월절 어린양이신 그리스도께서 희생되셨으니,

　이제 우리는 이 절기를 지킵시다.

부정과 악습의 묵은 누룩을 깨끗이 치우고

　순결과 진실의 새 빵을 가지고 지킵시다.

부활하신 그리스도께서는 다시 죽는 일이 없고

　죽음이 다시는 그분을 이기지 못할 것입니다.

주님은 단 한번 죽으심으로써 죄의 권세를 꺾으셨고

　부활하시어 거룩하신 아버지를 위하여 살아 계십니다.

이제 우리도 예수와 함께 죽어 죄의 권세에서 벗어나

　그분을 섬기며 살아야 합니다.

그리스도께서는 죽은 자들 가운데서 살아나셔서

　죽었다가 부활한 첫 사람이 되셨습니다.

죽음이 한 사람으로 말미암아 온 것처럼

　죽은 자의 부활도 한 사람으로 말미암아 왔습니다.

아담으로 인해 모든 사람이 죽은 것과 마찬가지로

　그리스도 안에서 모든 사람이 살게 될 것입니다. 할렐루야.

영광이 성부와 성자와 성령께

　처음과 같이 지금도 그리고 영원히, 아멘.

오늘의 독서와 송가

오늘 날짜에 해당하는 성서 본문을 읽습니다.

함께 기도할 때는 아래와 같이 안내합니다.

　오늘의 성서는 (　　　)의 말씀입니다.

함께 기도하는 경우 독서자는 아래와 같이 말합니다.

주님의 말씀입니다.

주님께 감사합니다.

독서 후 사가랴(즈가리야) 송가를 함께 낭송합니다.

사가랴 송가(눅 1:68~79)

이스라엘의 거룩하신 주님을 찬미하여라!

그 백성을 돌아보시어 구원하시고,

우리를 위하여 주님의 종 다윗 가문에

전능하신 구세주를 세우셨습니다.

이는 주님께서 예로부터

예언자들을 통하여 말씀하신 것이며,

우리를 원수로부터 구하시고

그 손아귀에서 벗어나게 하려 하심입니다.

주께서 우리 조상들에게 자비를 베푸시어

그 거룩하신 언약을 기억하시고,

우리 조상 아브라함에게 맹세하신 대로

우리를 원수의 손에서 구해내셨습니다.

두려움 없이 주님을 섬기며

　한 평생을 거룩하고 올바르게 살게 하셨습니다.

아가야, 너는 지극히 높으신 주님의 예언자가 되리니,

　그분보다 앞서 그분의 길을 닦으며,

그분의 백성에게 그 구원을 알게 하여

　주님의 용서하심을 얻게 하여라.

이는 주님의 인자하심 덕분이니

　새벽빛이 위로부터 우리에게 비추시어

어둠과 죽음의 그늘 속에 사는 사람들에게 빛을 주시고

　평화의 길로 이끌어 주시리라.

영광이 성부와 성자와 성령께

　처음과 같이 지금도 그리고 영원히, 아멘.

오늘 날짜에 해당하는 묵상 본문을 읽습니다.

독서 후 잠시 묵상하거나 이사야 첫째 송가를 함께 낭송합니다.

이사야 첫째 송가(사 12:2~6)

　진정 나를 구원하실 분은 주님이시니,

　내가 그를 의지하고 두려워하지 않으리라.

주님은 나의 힘, 나의 노래이시며,

나의 구원이십니다.

그러므로 너희는 기뻐하며,

구원의 샘에서 물을 길으리라.

그 날, 너희는 이렇게 감사의 노래를 부르리라.

주님께 감사하여라. 그의 이름을 외쳐 불러라.

그가 하신 큰 일을 만민에게 알려라,

그 높으신 이름을 잊지 않게 하여라.

그가 큰 일을 하셨으니 주님을 찬양하며,

그 모든 일을 온 세상에 알려라.

수도 시온아 기뻐 외쳐라.

너희가 기릴 분은 이스라엘 거룩하신 분이시다.

영광이 성부와 성자와 성령께

처음과 같이 지금도 그리고 영원히, 아멘.

묵상과 기도 나눔

사도신경을 암송합니다.

주기도문을 암송합니다.

끝기도

우리 주 예수 그리스도의 은총과 거룩하신 아버지의 사랑
과 성령으로 하나 됨이 우리 모두와 함께 하소서.

아멘.

✠ 밤기도

죄의 고백

전능하신 주님, 이 밤에 우리를 평안히 쉬게 하시고,
오늘 하루를 온전히 끝맺게 하소서.

아멘.

우리의 구원은 주님의 이름에 있으니,

주님은 하늘과 땅을 지으셨나이다.

우리의 죄를 고백합시다.

전능하신 아버지, 우리가 그릇된 생각과 말과 행위로, 또한 해야할 의무를 소홀히 함으로 주님과 이웃에게 죄를 지었으니, 성자 예수 그리스도를 통하여 우리의 모든 잘못을 용서하시고 새로운 마음으로 주님과 이웃을 섬기게 하시어 주님의 이름을 영화롭게 하소서.

전능하신 주님께서 우리의 모든 죄를 용서하시고, 성령의 위로와 은총을 내리소서.

아멘.

오늘의 독서

오늘 날짜에 해당하는 성서 본문을 읽습니다.

함께 기도할 때는 아래와 같이 안내합니다.

오늘의 성서는 (   )의 말씀입니다.

함께 기도하는 경우 독서자는 아래와 같이 말합니다.

주님의 말씀입니다.

주님께 감사합니다.

오늘 날짜에 해당하는 묵상 본문을 읽습니다.

묵상 나눔

주기도문을 암송합니다

시므온송가 (눅 2:29~32)

주여, 우리가 잠들 때에 보호하시어 평안히 쉬게 하시고

　우리가 깰 때에 인도하시어 주와 함께 있게 하소서.

주여, 이제는 말씀하신대로

　이 종은 평안히 눈감게 되었습니다.

주님의 구원을 제 눈으로 보았습니다.

　만민에게 베푸신 구원을 보았습니다.

그 구원은 이방인들에게는

주님의 길을 밝히는 빛이 되고,

　주님의 백성 이스라엘에게는 영광이 됩니다.

영광이 성부와 성자와 성령께

　처음과 같이 지금도 그리고 영원히, 아멘.

주여, 우리가 잠들 때에 보호하시어 평안히 쉬게 하시고

　우리가 깰 때에 인도하시어 주와 함께 있게 하소서.

축복기도

전능하시고 자비하신 주님, 성부와 성자와 성령은

우리에게 축복하시고 항상 지켜주소서.

　아멘.

주님, 이 사순절 기간 동안 예수를 바라보게 하소서.

사순절기의 시작

🕎 성서정과

욜 2:1~2, 12~17 / 시 51:1~18 / 고후 5:20하~6:10 / 마 6:1~6, 16~21

너희는 시온에서 뿔나팔을 불어라. 주님의 거룩한 산에서 경보를 울려라. 유다 땅에 사는 백성아, 모두 떨어라. 주님의 날이 오고 있다. 그 날이 다가오고 있다. 그 날은 캄캄하고 어두운 날, 먹구름과 어둠에 뒤덮이는 날이다. 셀 수 없이 많고 강한 메뚜기 군대가 온다. 마치 어둠이 산등성이를 넘어오듯이 새까맣게 다가온다. 까마득한 옛날까지 거슬러 올라가 보아도, 이런 일은 없었다. 앞으로 천만 대에 이르기까지도 다시는 이런 일이 없을 것이다. ...

"지금이라도 너희는 진심으로 회개하여라. 나 주가 말한다. 금식하고 통곡하고 슬퍼하면서, 나에게로 돌아오너라. 옷을 찢지 말고, 마음을 찢어라." 주 너희의 아버지께로 돌아오너라. 주님께서는 은혜롭고 자비로우시며, 오래 참으시며, 한결같은 사랑을 늘 베푸시고, 불쌍히 여기는 마음이 많으셔서, 뜻을 돌이켜 재앙을 거두기도 하신다. 행여 주님께서 마음과 뜻을 돌이키시고 오히려 복까지 베푸셔서, 너희가 주님께 곡식제물과 부어 드리는 제물을 바칠 수 있게까지 하실는지 누가 아느냐? 너희는 시온에서 뿔나팔을 불어라. 거룩한 금식을 선포하고, 성회를 열어라. 백성을 한데 모으고, 회중을 거룩하게 구별하여라. 장로들을 불러모으고, 어린 아이들과 젖먹이들도 불러모아라. 신랑도 신방에서 나오게 하고, 신부도 침실에서 나오게 하여라. 주님을 섬기는 제사장들은 성전 현관과 번제단 사이에서, 울면서 호소하여라. "주님, 주님의 백성을 불쌍히 여겨 주십시오. 주님의 소유인 이 백성이 이방인들에게 통치를 받는 수모를 당하지 않게 하여 주십시오. 세계 만민이 '그들의 주님이 어디에 있느냐?' 하면서 조롱하지 못하게 하여 주십시오." (요엘 2:1~2, 12~17)

‡‡ 묵상

주님, 이 사순절 기간 동안 예수를 바라보게 하소서. 그리고 우리가 예수를 볼 때 당신께서 바울을 변화시키셨던 것처럼 우리를 변화시켜 주소서. 우리가 이 사회와 교회에서 당신의 백성을 가르는 모든 장벽에 맞서 그리고 불의한 차별에 맞서 기도하며 일하는 당신의 백성이 되도록 도우소서. 아멘.

— 로완 윌리엄스

Ⅲ 나의 묵상

✤ 나의 기도

✠ 성서정과

신 30:15~20 / 시 1 / 눅 9:22~25

복 있는 사람은 악인의 꾀를 따르지 아니하며, 죄인의 길에 서지 아니하며, 오만한 자의 자리에 앉지 아니하며, ... 밤낮으로 율법을 묵상하는 사람이다. 그는 시냇가에 심은 나무가 철따라 열매를 맺으며 그 잎이 시들지 아니함 같으니, 하는 일마다 잘 될 것이다. 그러나 악인은 그렇지 않으니, 한낱 바람에 흩날리는 쭉정이와 같다. ... 그렇다. 의인의 길은 주님께서 인정하시지만, 악인의 길은 망할 것이다. (시편 1편)

⚏ 묵상

주님, 참혹한 고통의 시간에 맞닥뜨려 그것이 당신의 고난에 동참하는 일임을 깨달아야 할 때, 우리를 불쌍히 여겨 주소서. 당신이 그러셨듯 우리도 당신의 뜻이 너무 힘들고 이해할 수 없다고 느낄 때, 우리를 불쌍히 여겨 주소서. 우리의 죄에 대한 회한이 몰려올 때, 우리를 불쌍히 여겨 주소서. 당신의 거룩함과 공의를 마주하여 두려움에 휩싸일 때, 우리를 불쌍히 여겨 주소서. 우리의 잘못을 참회하고 속죄할 때, 우리를 불쌍히 여겨 주소서. 당신의 거룩한 몸된 교회의 고난에 동참하라는 부르심을 받을 때, 우리를 불쌍히 여겨 주소서.

— 칼 라너

⚖ 나의 묵상

✦ 나의 기도

✠ 성서정과

사 58:1~9상 / 시 51:1~4, 16~18 / 마 9:14~15

"내가 기뻐하는 금식은, 부당한 결박을 풀어 주는 것, 멍에의 줄을 끌러 주는 것, 압제받는 사람을 놓아 주는 것, 모든 멍에를 꺾어 버리는 것, 바로 이런 것들이 아니냐?" 또한 굶주린 사람에게 너의 먹거리를 나누어 주는 것, 떠도는 불쌍한 사람을 집에 맞아들이는 것이 아니겠느냐? … 그리하면 네 빛이 새벽 햇살처럼 비칠 것이며, 네 상처가 빨리 나을 것이다. 네 의를 드러내실 분이 네 앞에 가실 것이며, 주님의 영광이 네 뒤에서 호위할 것이다. (이사야 58:6-8)

╫ 묵상

우리는 안전한 세상을 만들기 위해 노력하며, 이러한 노력은 계속되어야 합니다. 하지만 우리가 우리 자신을 보호하는 데만 관심을 쏟는다면, 그로 인해 우리 자신이, 그리고 다른 누군가가 분명하게, 구체적으로 원하는 바를 보지 못하게 된다면 우리는 과연 인류라는 가족에게 무엇을 기대할 수 있을까요? 주님의 자녀가 누려야 할 자유에 관심을 쏟지 않는다면, 주님께서 베푸신 너그러움을 나누지 않는다면 우리는 진리 안에서 산다고 할 수 없습니다.

— 로완 윌리엄스

✠ 나의 묵상

✤ 나의 기도

🕮 성서정과

레위가 자기 집에서 예수에게 큰 잔치를 베풀었는데, 많은 세리와 그 밖의 사람들이 큰 무리를 이루어서, 그들과 한 자리에 앉아서 먹고 있었다. 바리새파 사람들과 그들의 율법학자들이 예수의 제자들에게 불평하면서 말하였다. "어찌하여 당신들은 세리들과 죄인들과 어울려서 먹고 마시는 거요?" 예수께서 그들에게 대답하셨다. "건강한 사람에게는 의사가 필요하지 않으나, 병든 사람에게는 필요하다. (누가복음 5:29~32)

╫ 묵상

인간이 가진 기본적인 문제는 질병도 범법행위도 아닌 죄입니다. 이 죄는 개인의 문제이면서 인류라는 종의 문제이고, 우리의 실존적인 불안과 관련된 문제이면서 우리가 고의로 저지르는 잘못된 행위에 관한 문제이기도 합니다. 우리가 죄를 지을 때 주님과 우리가 맺은 관계, 우리가 서로 맺은 관계, 우리와 전체 피조세계와 맺은 관계는 깨집니다. 우리는 때로 그러한 관계의 균열을 만들어내기도 하고 균열의 덫에 사로잡히기도 합니다. 하지만 어느 쪽이든 우리에게 희망이 완전히 사라진 것은 아닙니다.

— 바바라 브라운 테일러

🏛 나의 묵상

....

....

....

....

....

....

....

✠ 나의 기도

....

....

....

....

....

....

....

....

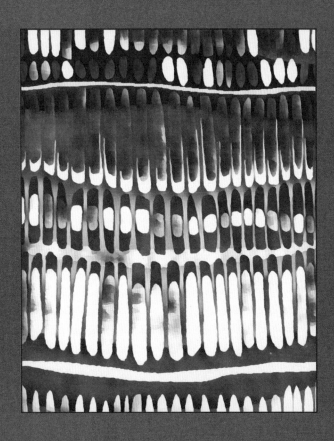

오 강하신 주님, 저희를 당신께로 돌아가게 하여 주십시오.

자비를 베푸셔서 우리가 구원을 얻게 해 주십시오.

사순절
제1주

⛪ 성서정과

창 2:15~17, 3:1~7	창 9:8~17	신 26:1~11
시 32	시 25:1~10	시 91:1~2, 9~16
롬 5:12~19	벧전 3:18~22	롬 10:8~13
마 4:1~11	막 1:9~15	눅 4:1~13

주님, 내 영혼이 주님을 기다립니다. 나의 주님, 내가 주님께 의지하였으
니, 내가 부끄러움을 당하지 않게 하시고 내 원수가 나를 이기어 승전가
를 부르지 못하게 해주십시오. 주님을 기다리는 사람은 수치를 당할 리
없지만, 함부로 속이는 자는 수치를 당하고야 말 것입니다. 주님, 주님의
길을 나에게 보여 주시고, 내가 마땅히 가야 할 그 길을 가르쳐 주십시오.
주님은 내 구원의 주님이시니, 주님의 진리로 나를 지도하시고 가르쳐 주
십시오. 나는 종일 주님만을 기다립니다. 주님, 먼 옛날부터 변함 없이 베
푸셨던, 주님의 긍휼하심과 한결 같은 사랑을 기억하여 주십시오. 내가
젊은 시절에 지은 죄와 반역을 기억하지 마시고, 주님의 자비로우심과 선
하심으로 나를 기억하여 주십시오. 주님은 선하시고 올바르셔서, 죄인들
이 돌이키고 걸어가야 할 올바른 길을 가르쳐 주신다. 겸손한 사람을 공
의로 인도하시며, 겸비한 사람에게는 당신의 뜻을 가르쳐 주신다. 주님의
언약과 계명을 지키는 사람을 진실한 사랑으로 인도하신다. (시편 25:1~10)

╫╫ 묵상

오 강하신 주님, 저희를 당신께로 돌아가게 하여 주십시오.

자비를 베푸셔서 우리가 구원을 얻게 해 주십시오.

내가 당신으로부터 돌아서 멀어지면 그곳이 어디든,

내가 얼마나 아름다운 것에 매달리든 내 영혼,

인간의 영혼은 슬픔에 젖어 있습니다.

당신께로부터 나지 않은 아름다움이란 존재하지 않는 까닭입니다.

당신께로부터 난 것과, 그렇지 않은 것 모두에게 삶과 죽음이 있고

태어나면 살아가고, 자라고 성숙하게 되지만

성숙하자 곧 시들고 죽어버립니다.

태어나는 바로 그 순간 존재를 향해 발돋움하며,

서둘러 한층 더 빨리 죽음을 향할 뿐입니다.

그것이 당신께서 우리에게 두신 한계이며,

우리는 그러한 실재의 부분일 뿐 스스로 존재할 수 없고,

순전히 스러져갈 파편들로 이루어져 있을 뿐입니다. …

내 영혼은 피조물에게 집착해서는 안 되며,

오히려 당신을 찬양해야 합니다.

오 주님, 모든 것을 만드신 창조주시여.

— 히포의 아우구스티누스

✟ 나의 묵상

✦ 나의 기도

✠ 성서정과

레 19:1~2, 11~18 / 시 19:7~14 / 마 25:31~46

의인들은 그에게 대답하기를 '주님, 우리가 언제, 주님께서 주리신 것을 보고 잡수실 것을 드리고, 목마르신 것을 보고 마실 것을 드리고, 나그네 되신 것을 보고 영접하고, 헐벗으신 것을 보고 입을 것을 드리고, 언제 병 드시거나 감옥에 갇히신 것을 보고 찾아갔습니까?' 하고 말할 것이다. 임 금이 그들에게 말하기를 '내가 진정으로 너희에게 말한다. 너희가 여기 내 형제자매 가운데, 지극히 보잘 것 없는 사람 하나에게 한 것이 곧 내게 한 것이다' 할 것이다. (마태복음 25:37~40)

╫ 묵상

이웃이 치명적인 피해를 입고 위협받을 수 있는 상황에서도 안전함 을 느끼는 환경을 조성하려면 우리는 어떠한 노력을 기울일 수 있을 까요? 우리는 하나의 사회로서 이 힘겨운 시기를 견딜 수 있습니다. 다만 … 모든 이가 자기 이웃에게 그가 누구이든 헌신하고 있다는 표 징이 있을 때만, 이로써 누구도 소외되지 않을 때만 … 우리는 이를 확신할 수 있습니다. 우리가 응해야 할 도전은 언제나 같습니다. 그것 은 바로 건설적인 일을 함께 떠안음으로써 신뢰를 일구는 것입니다.

— 로완 윌리엄스

☰ 나의 묵상

✠ 나의 기도

🕮 성서정과

사 55:10~11 / 시 34:4~6, 21~22 / 마 6:7~15

하늘에 계신 우리 아버지, 그 이름을 거룩하게 하여 주시며, 그 나라를 오게 하여 주시며, 그 뜻을 하늘에서 이루심 같이, 땅에서도 이루어 주십시오. 오늘 우리에게 필요한 양식을 내려 주시고, 우리가 우리에게 죄 지은 사람을 용서하여 준 것 같이 우리의 죄를 용서하여 주시고, 우리를 시험에 들지 않게 하시고, 악에서 구하여 주십시오. 나라와 권세와 영광은 영원히 아버지의 것입니다. 아멘. (마태복음 6:9-13)

⚜ 묵상

우리 아버지, 이 말을 통해 우리는 사랑이 무엇이며 사랑에 응답하는 것이 무엇인지를 봅니다. 친밀한 관계를 체험하며 … 신앙은 신뢰로 이어지고 의존은 자유가 됩니다. 이 부름을 통해 우리는 친밀감을 맛보며, 이렇게 궁극적인 기쁨이 펼쳐집니다. "우리 아버지"라는 호칭은 그분에 '관한' 정보성 지식이 아닌, 사랑하는 이를 알듯 그분을 아는 지식입니다. 사랑 안에서, 그분과 하나 되어, 그분을 신뢰하며 나누는 친교입니다. 그분을 '우리 아버지'라 부를 때 영원은 이미 시작됩니다. 그렇게 우리는 영원을 알아갑니다.

— 알렉산더 슈메만

☷ 나의 묵상

✤ 나의 기도

⛪ 성서정과

요나 3:1~10 / 시 51:1~4, 16~18 / 눅 11:29~32

무리가 모여들 때에, 예수께서 말씀하기 시작하셨다. "이 세대는 악한 세대다. 이 세대가 표징을 구하지만, 이 세대는 요나의 표징 밖에는 아무 표징도 받지 못할 것이다. 요나가 니느웨 사람들에게 표징이 된 것과 같이, 인자 곧 나도 이 세대 사람들에게 그러할 것이다. ... 심판 때에 니느웨 사람들이 이 세대 사람들과 함께 일어나서, 이 세대 사람들을 정죄할 것이다. 그들은 요나의 선포를 듣고 회개했기 때문이다. 그러나, 보아라, 요나보다 더 큰 이가 여기에 있다." (누가복음 11:29~32)

✣ 묵상

전능하시고 가장 자비로우신 아버지, 우리는 죄를 지었으며, 길 잃은 양처럼 당신의 길에서 벗어났습니다. 우리는 우리 마음의 계획과 욕망을 너무 많이 따라갔습니다. 우리는 당신의 거룩한 법을 어겼습니다. 우리는 해야 할 일을 하지 않고 그대로 두었습니다. 우리는 하지 말아야 할 일을 행했습니다. 그리하여 우리는 온전치 못합니다. 하지만 주님, 비참한 죄인인 우리에게 자비를 베푸소서. 주님, 잘못을 고백하는 이들을 용서하소서. 참회하는 이들을 회복시켜 주소서. 아멘.

— 미국 성공회 기도서

〼 나의 묵상

✚ 나의 기도

⛪ 성서정과

스 4:17(12~16), 17(23~25) / 시 138 / 마 7:7~12

주님, 온 마음을 기울여서 주님께 감사를 드립니다. 신들 앞에서, 내가 주님께 찬양을 드리렵니다. 내가 주님의 성전을 바라보면서 경배하고, 주님의 인자하심과 주님의 진실하심을 생각하면서 주님의 이름에 감사를 드립니다. ... 내가 고난의 길 한복판을 걷는다고 하여도, 주님께서 나에게 새 힘 주시고, 손을 내미셔서, 내 원수들의 분노를 가라앉혀 주시며, 주님의 오른손으로 나를 구원하여 주십니다. (시편 138:1~2, 7)

✠ 묵상

주님은 짐을 지시는 분이십니다. 그리스도인의 본질은 짐을 짊어진다는 점에 있습니다. 그리스도께서 짐을 짊어지심으로써 아버지와 계속 친교를 나누듯, 그를 따르는 이들도 짐을 짊어짐으로써 그리스도와 친교를 나누게 됩니다. 십자가를 지고 살아가는 것은 영혼을 불행과 좌절에 빠트리지 않습니다. 오히려 영혼을 소생케 하고 쉬게 하며 최상의 기쁨을 누리게 합니다. 오히려 우리는 우리를 알고 계시고 우리의 멍에를 함께 지시는 분의 멍에를 지면서 살아갑니다.

— 디트리히 본회퍼

⚏ 나의 묵상

　

✦ 나의 기도

✜ 성서정과

겔 18:21~28 / 시 130 / 마 5:20-26

내가 너희에게 말한다. 너희의 의가 율법학자들과 바리새파 사람들의 의
보다 낫지 않으면, 너희는 하늘나라에 들어가지 못할 것이다. 옛 사람들
에게 말하기를 '살인하지 말아라. 누구든지 살인하는 사람은 재판을 받아
야 할 것이다' 한 것을 너희는 들었다. 그러나 나는 너희에게 말한다. 자
기 형제나 자매에게 성내는 사람은, 누구나 심판을 받는다. 자기 형제나
자매에게 얼간이라고 말하는 사람은, 누구나 공의회에 불려갈 것이요, 또
바보라고 말하는 사람은 지옥 불 속에 던져질 것이다. (마태복음 5:20-22)

✜ 묵상

여러분이 극도의 금욕과 행동의 일관성을 추구하는 경건주의자라서
주님을 더 기쁘시게 한다고 믿습니까? 여러분은 자신의 진보적 성향
이 여러분 이웃의 기분 나쁜 보수주의와 다르다는 게 자랑스럽습니
까? 여러분이 확고히 하려 했던 우월한 점이 무엇이든 그것은 사라져
야만 합니다. 성령이 이끄시는 상호 사랑에 비추어 우리는 모든 것을
다시 시작해야 합니다. 어떻게 하면 그리스도의 몸을 세울 수 있는지,
어떻게 주님의 삶을 드러낼 수 있는지를 찾아야 합니다.

— 로완 윌리엄스

ⅲ 나의 묵상

_____

_____

_____

_____

_____

_____

✤ 나의 기도

_____

_____

_____

_____

_____

_____

_____

🕮 성서정과

신 26:16~19 / 시 119:1~8 / 마 5:43~48

네 이웃을 사랑하고, 네 원수를 미워하여라' 하고 말한 것을 너희는 들었
다. 그러나 나는 너희에게 말한다. 너희 원수를 사랑하고, 너희를 박해하
는 사람을 위하여 기도하여라. 그래야만 너희가 하늘에 계신 너희 아버지
의 자녀가 될 것이다. 너희를 사랑하는 사람만 너희가 사랑하면, 무슨 상
을 받겠느냐? 세리도 그만큼은 하지 않느냐? … 그러므로 하늘에 계신 너
희 아버지께서 완전하신 것 같이, 너희도 완전하여라."

(마태복음 5:43~45, 48)

╫ 묵상

예수는 악인을 악하다고 합니다. 폭행을 하는 이, 억압하는 이를 용서
하고 정당화하는 일이 우리가 취할 태도는 아닙니다. 고통을 감수함
으로써, 마치 우리가 악의 권리를 이해하려는 것처럼 보여서는 안 됩
니다. 이와 같은 감상적 사고는 예수와 무관합니다. 제자에게 다가오
는 악은 결코 정당화될 수 없는 악입니다. 그렇기 때문에 제자는 저항
하기보다는 고난을 통해 악을 끝장내야 하며, 그래서 악을 극복해야
합니다. 악은 예수의 손에 떨어지게 마련입니다.

— 디트리히 본회퍼

⚏ 나의 묵상

✥ 나의 기도

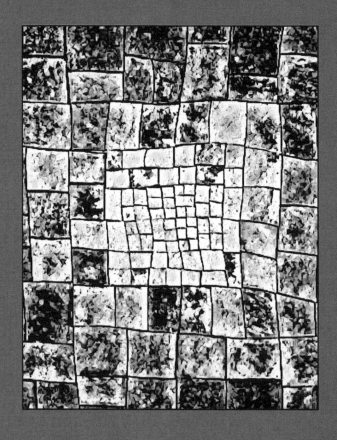

그리스도교인은 함께 빵을 나눌 때 몸의 굶주림뿐만 아니라
영과 정신의 굶주림 또한 채워진다고 믿습니다.
빵을 떼고 포도주를 잔에 따르며 그리스도교인은 예수를 기억합니다.
그렇게 예수는 우리의 삶으로 들어오십니다.

사순절
제2주

✠ 성서정과

창 12:1~4상	창 17:1~7, 15~16	창 15:1~12, 17~18
시 121	시 22:23~31	시 27
롬 4:1~5, 13~17	롬 4:13~25	빌 3:17~4:1
요 3:1~17	막 8:31~38(9:2~9)	눅 13:31~35(9:28~36)

예수께서는, 인자가 반드시 많은 고난을 받고, 장로들과 대제사장들과 율법학자들에게 배척을 받아, 죽임을 당하고 나서, 사흘 후에 살아나야 한다는 것을 그들에게 가르치기 시작하셨다. 예수께서 드러내 놓고 이 말씀을 하시니, 베드로가 예수를 바짝 잡아당기고, 그에게 항의하였다. 그러나 예수께서는 돌아서서, 제자들을 보시고, 베드로를 꾸짖어 말씀하셨다. "사탄아, 내 뒤로 물러가라. 너는 주님의 일을 생각하지 않고, 사람의 일만 생각하는구나!" 그리고 예수께서 제자들과 함께 무리를 불러 놓고 그들에게 말씀하셨다. "나를 따라오려고 하는 사람은, 자기를 부인하고, 자기 십자가를 지고, 나를 따라오너라. 누구든지 제 목숨을 구하고자 하는 사람은 잃을 것이요, 누구든지 나와 복음을 위하여 제 목숨을 잃는 사람은 구할 것이다. 사람이 온 세상을 얻고도 제 목숨을 잃으면, 무슨 이득이 있겠느냐? 사람이 제 목숨을 되찾는 대가로 무엇을 내놓겠느냐? 음란하고 죄가 많은 이 세대에서, 누구든지 나와 내 말을 부끄럽게 여기면, 인자도 자기 아버지의 영광에 싸여 거룩한 천사들을 거느리고 올 때에, 그를 부끄럽게 여길 것이다." (마가복음 8:31~38)

⊞ 묵상

성찬의 신비는 우리 안에서 잠들어 있는 기억을 깨워

우리 주변에 있는 사람, 사물, 사건의 참된 면모를 바라보게 합니다.

성찬은 우리의 눈을 열어

우리의 식탁에 함께하시는 예수 그리스도를 보게 합니다. …

그리스도교인이 아닌 사람도, 교회에 다니지 않더라도

이웃을 사랑하고, 음식을 대접할 수 있습니다.

그러나 그리스도교인은 이웃과 함께 밥을 먹는 활동 자체가

거룩하고 존귀한 성사라고 믿습니다.

그리스도교인은 함께 빵을 나눌 때 몸의 굶주림뿐만 아니라

영과 정신의 굶주림 또한 채워진다고 믿습니다.

빵을 떼고 포도주를 잔에 따르며

그리스도교인은 예수를 기억합니다.

그렇게 예수께서는 우리의 삶으로 들어오십니다.

주님께서 사랑하셨고 지금도 사랑하시는 모든 맛, 향, 소리를 통해

그리스도께서는 우리 삶으로 들어오십니다.

— 레이첼 헬드 에반스

⚶ 나의 묵상

✢ 나의 기도

✠ 성서정과

단 9:4~10 / 시 79:8-9, 11, 13 / 눅 6:36-38

너희의 아버지께서 자비로우신 것 같이, 너희도 자비로운 사람이 되어라. 남을 심판하지 말아라. 그리하면 주님께서도 너희를 심판하지 않으실 것이다. 남을 정죄하지 말아라. 그리하면 주님께서도 너희를 정죄하지 않으실 것이다. 남을 용서하여라. 그리하면 주님께서도 너희를 용서하실 것이다. 남에게 주어라. 그리하면 주님께서도 너희에게 주실 것이니, 되를 누르고 흔들어서, 넘치도록 후하게 되어서, 너희 품에 안겨 주실 것이다.

(눅 6:36~38)

✠ 묵상

자신이 얼마나 보지 못하는지를, 그렇기에 자신이 무엇을 진실로 필요로 하는지를 깨닫지 못한다면 우리는 다른 사람의 죄와 한계, 연약함과 필요에 대해서도 제대로 이야기할 수 없습니다. 하지만 그러한 와중에도 우리는 끊임없이 타인의 문제를 판단하고, 진단하고, 정죄하거나 해결하고픈 유혹에 빠집니다. ... 이를 온전히 새기지 못할 때 우리는 우리 자신과 타인에게 적절하고도 충분한 관심을 기울이지 못할 뿐만 아니라 완고하고 가혹한 태도를 고수하게 됩니다.

— 로완 윌리엄스

�III 나의 묵상

✥ 나의 기도

🏛 성서정과

사 1:10, 16-20 / 시 50:8, 16~23 / 마 23:1-12

너희는 지도자라는 호칭을 듣지 말아라. 너희의 지도자는 그리스도 한 분 뿐이시다. 너희 가운데서 으뜸가는 사람은 너희를 섬기는 사람이 되어야 한다. 자기를 높이는 사람은 낮아지고, 자기를 낮추는 사람은 높아질 것이다. (마태복음 23:10-12)

❖ 묵상

구원은 사로잡히고 억눌린 모든 것으로부터 풀려나는 것이자 자유를 누리는 것입니다. 그렇다고 망나니처럼 살아도 된다는 말이 아닙니다. 해방과 자유에는 언제나 동일한 목표점이 있는데, 바로 '본래의 모습으로 돌아가는 것'입니다. 이는 창조 때 만들어진 대로 곧 주님의 형상으로 돌아가는 것, '참 사람'이 되는 것을 뜻합니다. 주님 앞에서 사람다운 사람이 구원받은 사람입니다. 그러니 사람답지 못한 사람이 스스로 '나는 구원받은 성도'라고 말하면, 그것은 자기기만이고 착각이며 교만입니다. 그런 사람은 주님은 놔두고서라도, 누구에게도 신뢰받지 못합니다.

—마르틴 루터

✠ 나의 묵상

✠ 나의 기도

🕮 성서정과

렘 18:18~20 / 시 31:4, 5, 14~18 / 마 20:17~28

예수께서는 그들을 곁에 불러 놓고 말씀하셨다. "너희가 아는 대로, 이방 민족들의 통치자들은 백성을 마구 내리누르고, 고관들은 백성에게 세도를 부린다. 그러나 너희끼리는 그렇게 해서는 안 된다. 너희 가운데서 위대하게 되고자 하는 사람은 누구든지 너희를 섬기는 사람이 되어야 하고, 너희 가운데서 으뜸이 되고자 하는 사람은 너희의 종이 되어야 한다. 인자는 섬김을 받으러 온 것이 아니라 섬기러 왔으며, 많은 사람을 위하여 자기 목숨을 몸값으로 치러 주려고 왔다." (마태복음 20:25~28)

╬ 묵상

주여, 당신은 당신을 아는 이에게 빛이시며 당신을 사랑하는 이에게 생명 되시고 당신을 섬기는 이에게 힘이 되십니다. 우리가 당신을 알아 진심으로 당신을 사랑하게 하소서. 수고하고 무거운 짐을 짊어진 모든 이를 부르시는 주님, 우리와 함께하소서. 한없고 영원한 당신 곁으로 우리를 데려가셔서 우리의 마음과 생각을 잠잠하게 하소서. 우리를 종으로 삼으신 당신의 뜻을 드높이셔서 섬기는 우리가 당신 힘과 기쁨을 드러내는 샘이 되게 하소서.

— 이블린 언더힐

✠ 나의 묵상

✠ 나의 기도

✟ 성서정과

렘 17:5~10 / 시 1 / 눅 16:19-31

나 주가 말한다. 나 주에게서 마음을 멀리하고, 오히려 사람을 의지하며, 사람이 힘이 되어 주려니 하고 믿는 자는, 저주를 받을 것이다. 그는 황야에서 자라는 가시덤불 같아서, 좋은 일이 오는 것을 볼 수 없을 것이다. ... 그러나 주님을 믿고 의지하는 사람은 복을 받을 것이다. 그는 물가에 심은 나무와 같아서 뿌리를 개울가로 뻗으니, 잎이 언제나 푸르므로, 무더위가 닥쳐와도 걱정이 없고, 가뭄이 심해도, 걱정이 없다. 그 나무는 언제나 열매를 맺는다. (예레미야 17:5~8)

✟ 묵상

우리는 인간을 모르기 때문에 주님을 알지 못합니다.

주님을 모르기 때문에 인간을 알지 못합니다.

주님을 모르는 이는 인간을 우러러 받들며,

인간을 모르는 이는 구원을 주님에게서 얻으려 하지 않습니다.

주님이 당신의 눈을 뜨게 해주시기를 간구하십시오.

그러면 당신은 의지할 만한 존재에게 의지하게 될 것이고,

의지할 만하지 않은 존재에게 의지하지 않게 될 것입니다.

— 우치무라 간조

🕎 나의 묵상

_____

_____

_____

_____

_____

_____

✠ 나의 기도

_____

_____

_____

_____

_____

_____

_____

📖 성서정과

창 37:3~4, 12~13, 18~28 / 시 105:16~22 / 마 21:33~43, 45~46

"너희는 성경에서 이런 말씀을 읽어 본 일이 없느냐? '집 짓는 사람이 버린 돌이 집 모퉁이의 머릿돌이 되었다. 이것은 주님께서 하신 일이요, 우리 눈에는 놀라운 일이다.' 그러므로 나는 너희에게 말한다. 주님께서는 너희에게서 아버지의 나라를 빼앗아서, 그 나라의 열매를 맺는 민족에게 주실 것이다." … 대제사장들과 바리새파 사람들은 예수의 비유를 듣고서, 자기들을 가리켜 하시는 말씀임을 알아채고, 그를 잡으려고 하였으나, 무리들이 무서워서 그렇게 하지 못하였다. (마태복음 21:42~46)

‡ 묵상

주님, 당신은 끊임없이 저의 이목을 끌려 하십니다 전혀 예상치 못한 곳에서 저를 흔들어 깨우십니다 … 제 마음 한 모퉁이에서 저를 부르고 계시는 주님, 그 부르고 있는 이가 당신임을 알아차리기를 기다리시는 주님, 저의 마음과 귀를 열어주소서. 그리하여 오늘 하루는 제 곁에 있는 당신을 놓치지 않게 하소서. 어떻게 지금, 여기에 있어야 하는지 알게 하시고 당신을 좇아 익히게 하소서. 그리하여 분주한 활동을 일으키는 제 자잘한 욕구들을 기꺼이 버리게 하소서.

— 조이스 럽

⚏ 나의 묵상

✤ 나의 기도

📖 성서정과

주님, 주님 같으신 분이 또 어디에 있겠습니까. 주님께서는 죄악을 사유하시며 살아 남은 주님의 백성의 죄를 용서하십니다. 진노하시되, 그 노여움을 언제까지나 품고 계시지는 않고, 기꺼이 한결같은 사랑을 베푸십니다. 주님께서 다시 우리에게 자비를 베푸시고, 우리의 모든 죄를 주님의 발로 밟아서, 저 바다 밑 깊은 곳으로 던지십니다. 주님께서는 옛적에 우리의 조상에게 맹세하신 대로, 야곱에게 성실을 베푸시며, 아브라함에게 인애를 더하여 주십니다. (미가 7:18~20)

╬ 묵상

주님의 사랑은 모든 것을 견디지만, 우리의 사랑은 자기 뜻대로 하겠다고 우깁니다. 주님의 사랑은 시기하지 않고 자랑하지 않고 무례하지 않습니다. 이유가 있어서가 아니라, 비가 내리고 해가 빛나듯 그냥 사랑합니다. 주님의 사랑은 모든 것을 참습니다. 심지어 십자가 못 박히는 것까지 참습니다. 인간은 주님의 선물을 받을 때만 이러한 식으로 사랑할 힘이 생깁니다. 변화를 일으키는 사랑, 무조건적인 사랑, 무슨 일이 있어도 한결같은 사랑으로 사랑할 힘 말입니다.

— 프레드릭 비크너

☱ 나의 묵상

✦ 나의 기도

주님, 오직 당신에게만 있을 것을 당신을 떠나 찾지 않게 하소서.

오직 당신과 함께할 때 깃드는 평화와 안식, 기쁨과 복을 찾게 하소서.

사순절
제3주

🕮 성서정과

출 17:1~7	출 20:1~17	사 55:1~9
시 95	시 19	시 63:1~8
롬 5:1~11	고전 1:18~25	고전 10:1~13
요 4:5~42	요 2:13~22	눅 13:1~9

이 모든 말씀은 주님이 하신 말씀이다. "나는 너희를 이집트 땅 종살이하던 집에서 이끌어 낸 너희의 주님이다. 너희는 내 앞에서 다른 신들을 섬기지 못한다. 너희는 너희가 섬기려고 위로 하늘에 있는 것이나, 아래로 땅에 있는 것이나, 땅 아래 물 속에 있는 어떤 것이든지, 그 모양을 본떠서 우상을 만들지 못한다. 너희는 그것들에게 절하거나, 그것들을 섬기지 못한다. 나, 너희의 주님은 질투하는 이다. 나를 미워하는 사람에게는, 그 죄값으로, 본인뿐만 아니라 삼사 대 자손에게까지 벌을 내린다. 그러나 나를 사랑하고 나의 계명을 지키는 사람에게는, 수천 대 자손에 이르기까지 한결같은 사랑을 베푼다. 너희는 너희 주님의 이름을 함부로 부르지 못한다. 주는 자기의 이름을 함부로 부르는 자를 죄 없다고 하지 않는다. 안식일을 기억하여 그 날을 거룩하게 지켜라. 너희는 엿새 동안 모든 일을 힘써 하여라. 그러나 이렛날은 너희 주님의 안식일이니, 너희는 어떤 일도 해서는 안 된다. 너희나, 너희의 아들이나 딸이나, 너희의 남종이나 여종만이 아니라, 너희 집짐승이나, 너희의 집에 머무르는 나그네라도, 일을 해서는 안 된다. 내가 엿새 동안 하늘과 땅과 바다와 그 안에 있

는 모든 것을 만들고 이렛날에는 쉬었기 때문이다. 그러므로 나 주가 안식일을 복 주고, 그 날을 거룩하게 하였다. 너희 부모를 공경하여라. 그래야 너희는 너희 주님이 너희에게 준 땅에서 오래도록 살 것이다. 살인하지 못한다. 간음하지 못한다. 도둑질하지 못한다. 너희 이웃에게 불리한 거짓 증언을 하지 못한다. 너희 이웃의 집을 탐내지 못한다. 너희 이웃의 아내나 남종이나 여종이나 소나 나귀나 할 것 없이, 너희 이웃의 소유는 어떤 것도 탐내지 못한다." (출애굽기 20:1~17)

╫ 묵상

주님, 오직 당신에게만 있을 것을 당신을 떠나 찾지 않게 하소서. 오직 당신과 함께할 때 깃드는 평화와 안식, 기쁨과 복을 찾게 하소서. 괴롭고 심란한 생각들이 빚어낸 구름 위로 우리의 영혼을 들어 올리소서. 당신의 영원한 현존으로, 진리와 평화가 빛처럼 찬란한 당신의 현존으로 우리를 인도하소서. 그곳에서 우리는 자유롭게 숨을 쉬며 당신 사랑에 기대어 우리 자신과 우리를 힘들게 하는 모든 것으로부터 안식하게 될 것입니다. 우리는 그곳에서 당신의 평화를 입고 돌아와 당신께서 기뻐하시는 일을 세상에서 행하며 이로써 참고 견딜 것입니다.

— 에드워드 부버리 퓨지

✟ 나의 묵상

✢ 나의 기도

✝ 성서정과

사 7:10~14 / 시 40:5~10 / 히 10:4~10 / 눅 1:26~38

내가 진정으로 너희에게 말한다. 아무 예언자도 자기 고향에서는 환영을 받지 못한다. ... 회당에 모인 사람들은 이 말씀을 듣고서, 모두 화가 잔뜩 났다. 그래서 그들은 들고일어나 예수를 동네 밖으로 내쫓았다. 그들의 동네가 산 위에 있으므로, 그들은 예수를 산 벼랑까지 끌고 가서, 거기에서 밀쳐 떨어뜨리려고 하였다. 그러나 예수께서는 그들의 한가운데를 지나서 떠나가셨다. (누가복음 4:24~30)

✝ 묵상

애통해 하는 이들이란 참으로 세상이 행복과 평화라고 부르는 것을 포기하기를 각오한 이들입니다. 세상과 장단을 맞출 수 없고 세상과 짝할 수 없는 이들입니다. 제자들은 세상 때문에, 세상의 잘못과 세상의 숙명과 세상의 행복 때문에 다가오는 고난을 짊어집니다. 제자들은 세상의 종말과 하늘나라의 심판과 도래를 알고 있습니다. 세상은 이를 전혀 대비하지 않습니다. 그러므로 제자들은 세상에서 이방인, 귀찮은 손님, 추방해야 할 평화의 교란자입니다.

— 디트리히 본회퍼

✠ 나의 묵상

✠ 나의 기도

⛪ 성서정과

단 2:20~23 / 시 25:3~10 / 마 18:21~35

베드로가 예수께 다가와서 말하였다. "주님, 내 형제가 나에게 자꾸 죄를 지으면, 내가 몇 번이나 용서하여 주어야 합니까? 일곱 번까지 하여야 합니까?" 예수께서 대답하셨다. "일곱 번만이 아니라, 일흔 번을 일곱 번이라도 하여야 한다. ... 너희가 각각 진심으로 자기 형제자매를 용서해 주지 않으면, 나의 하늘 아버지께서도 너희에게 그와 같이 하실 것이다."

(마태복음 18:21~22, 35)

⊞ 묵상

주님께서는 명령하십니다. 판단하지 마라. 용서하라. 주라. 나누라, 양보하라. 관대하라. ... 주님의 관대하심은 우리의 모든 통제범주를 통해, 이를 넘어, 그 안에서 행해집니다. 우리는 우리의 믿음을 통해 주님의 관대하심에 우리 자신을 열고 이를 우리 자신과 다른 이들을 위해 받아들여야 합니다. 우리를 작고, 사소하고, 두려워하고, 폭력적으로 만드는 단단하고, 보잘것없는 통제력을 깨부수고 나와야 합니다.

— 월터 브루그만

✠ 나의 묵상

✠ 나의 기도

鱗 성서정과

신 4:1, 5~9 / 시 147:12~20 / 마 5:17~19

이스라엘 자손 여러분, 지금 내가 당신들에게 가르쳐 주는 규례와 법도를 귀담아 듣고, 그대로 지키십시오. 그러면 당신들이 살아서 당신들 조상의 주님이 당신들에게 주시는 땅에 들어가서, 그 곳을 차지하게 될 것입니다. ... 당신들은 이 규례와 법도를 지키십시오. 그러면 여러 민족이, 당신들이 지혜롭고 슬기롭다는 것을 알게 될 것입니다. 그들이 이 모든 규례에 관해서 듣고, 이스라엘은 정말 위대한 백성이요 지혜롭고 슬기로운 민족이라고 말할 것입니다. (신명가 4:1, 6)

鞋 묵상

복음은 거룩하신 그분, 생명으로 충만하신 분, 모든 생명의 생명이 되신 분, 생명 그 자체이신 분, 빛이고 사랑이며 지혜인 영원하신 분을 마주하는 그 '나라'로 우리를 부릅니다. 복음은 인간이 그분과 만나, 그분을 알고, 기쁨으로 또 사랑으로 자신을 그분께 바칠 때 그 나라가 시작된다고 이야기합니다. 복음은 우리 삶이 그분의 빛으로 가득할 때, 그분에 대한 앎, 그분께 받은, 그리고 그분을 향한 사랑으로 가득할 때 그 나라가 임한다고 이야기합니다.

— 알렉산더 슈메만

✠ 나의 묵상

✠ 나의 기도

🕮 성서정과

렘 7:23~28 / 시 95:1~2, 6-11 / 눅 11:14~23

오너라, 우리가 주님께 즐거이 노래하자. 우리를 구원하시는 반석을 보고, 소리 높여 외치자. 찬송을 부르며 그의 앞으로 나아가서, 노래 가락에 맞추어, 그분께 즐겁게 소리 높여 외치자. ... 오너라, 우리가 엎드려 경배하자. 우리를 지으신 주님 앞에 무릎을 꿇자. ... 그는 우리의 주님이시요, 우리는 그가 기르시는 백성이며, 그가 손수 이끄시는 양 떼다. 오늘, 너희는 그의 음성을 들어 보아라. (시편 95:1~2, 6-7)

╫ 묵상

거룩하시고 영원하신 주님, 당신께 영광을 돌리기 위해, 당신의 섭리로 축복받기 위해, 당신의 영으로 거룩하기 위해 우리의 영혼, 우리의 몸, 우리의 생각과 말, 우리의 행동과 뜻, 우리의 열정과 고통을 모두 당신께 바칩니다. 당신이 돌보시는데 멸망할 것이 없으며, 영혼의 적들이 우리를 삼킬 수 없으며 당신의 손 밖으로 벗어날 수도 없습니다. 주님, 이 날과 우리 생의 모든 날이 당신의 영광과 은총을 위해 부르시는 음성에 따르게 하소서. 모든 날에 거룩한 구원자 예수의 활동에 참여하여 하나될 수 있도록 하소서. 우리를 용서하시고 받아주소서.

— 제레미 테일러

☰ 나의 묵상

✧ 나의 기도

🕮 성서정과

호 14:2~10 / 시 81:6~10, 13, 16 / 막 12:28~34

율법학자들 가운데 한 사람이 다가와서, ... 예수께 물었다. "모든 계명 가운데서 가장 으뜸되는 것은 어느 것입니까?" 예수께서 대답하셨다. "첫째는 이것이다. '이스라엘아, 들어라. 우리 아버지이신 주님은 오직 한 분이신 주님이시다. 네 마음을 다하고, 네 목숨을 다하고, 네 뜻을 다하고, 네 힘을 다하여, 너의 아버지이신 주님을 사랑하여라.' 둘째는 이것이다. '네 이웃을 네 몸 같이 사랑하여라.' 이 계명보다 더 큰 계명은 없다."

(마가복음 12:28~31)

⊞ 묵상

주님은 타인의 호출을 통해 나를 호출하시고, 나는 주님께 하듯 내 이웃에게 응답해야 합니다. 주님은 그에게 응답하고 또 그를 호출해야 하는 의무를 지워 나를 그의 면전에 내세우셨습니다. 우리가 서로를 긍정하는 응답을 통해 만들어지는 기쁨은 주님께서 우리에게 주신 기쁨입니다. 우리는 서로 연결됨으로써 사랑 안에서 온전해지라는 요구를 받습니다. 이웃은 나를 향한 주님의 살아있고 생명을 주는 말씀입니다. 나는 이웃을 향한 주님의 살아있고 생명을 주는 말씀입니다.

— 두미뜨루 스떠닐로아에

☩ 나의 묵상

✠ 나의 기도

⊕ 성서정과

호 5:15~6:6 / 시 51:1~2, 16~19 / 눅 18:9~14

주님은 제물을 반기지 않으시며, 내가 번제를 드리더라도 기뻐하지 않으십니다. 당신이 원하시는 제물은 찢겨진 심령입니다. 오, 주님, 당신은 찢겨지고 짓밟힌 마음을 멸시하지 않으십니다. 당신의 은혜로 시온을 잘 돌보아주시고, 예루살렘 성벽을 견고히 세워 주십시오. 그때 당신은 올바른 제사와 번제와 온전한 제물을 기쁨으로 받으실 것이니, 그 때에 사람들이 당신의 제단 위에 수송아지를 드릴 것입니다. (시편 51:16~19)

⊞ 묵상

자비로우신 주님, 저의 힘은 고갈되었습니다. 저의 영혼은 굶주려 있습니다. 이렇게 빈 잔이 된 채 얼마나 오랜 시간 발버둥쳤는지 모릅니다. 당신께서는 그때마다 잔을 채워주셨으나 저는 미지의 것을 두려워해 이를 부정하고, 거부했습니다. 그러나 그때마다 당신께서는 다시금 저를 찾아오십니다. 자비로우신 주님, 다시 당신 앞에서 기도드립니다. 당신의 사랑을 가로막는 저의 모든 잡동사니를 치워주소서. 당신의 사랑으로 저를 채워주소서. 그리하여 저의 사랑이 당신의 사랑을 닮게 인도해주소서.

— 조이스 럽

✠ 나의 묵상

✠ 나의 기도

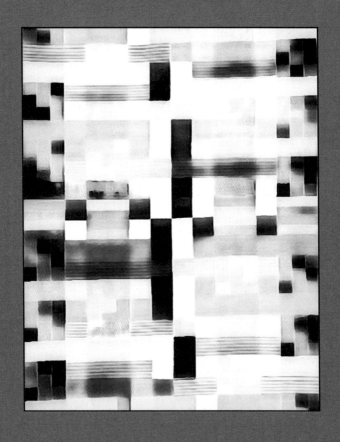

죄는 빛으로 나아올 수밖에 없습니다.
표출되지 않았던 것이 공공연하게 표출되고 고백됩니다.
은밀하게 숨겨져 있던 모든 것이 이제 환하게 드러납니다.
죄를 드러내 고백하기까지는 치열한 투쟁이 벌어집니다.
그러나 주님께서는 놋쇠로 만든 문을 부수고 쇠빗장을 꺾으십니다.

사순절
제4주

⛪ 성서정과

삼상 16:1~13	민 21:4~9	수 5:9~12
시 23	시 107:1~3, 17~22	시 32
엡 5:8~14	엡 2:1~10	고후 5:16~21
요 9:1~41	요 3:14~21	눅 15:1~3, 11하~32

우리도 모두 전에는, 그들 가운데에서 육신의 정욕대로 살고, 육신과 마음이 원하는 대로 행했으며, 나머지 사람들과 마찬가지로 날 때부터 진노의 자식이었습니다. 그러나 주님은 자비가 넘치는 분이셔서, 우리를 사랑하신 그 크신 사랑으로 말미암아 범죄로 죽은 우리를 그리스도와 함께 살려 주셨습니다. ... 주님께서 그리스도 예수 안에서 우리를 그분과 함께 살리시고, 하늘에 함께 앉게 하셨습니다. 그것은, 주님께서 그리스도 예수 안에서 우리에게 자비로 베풀어주신 그 은혜가 얼마나 풍성한지를 장차 올 모든 세대에게 드러내 보이시기 위함입니다. 여러분은 믿음을 통하여 은혜로 구원을 얻었습니다. 이것은 여러분에게서 난 것이 아니요, 주님의 선물입니다. 행위에서 난 것이 아닙니다. 그러므로 아무도 자랑할 수 없습니다. 우리는 주님의 작품입니다. 선한 일을 하게 하시려고, 주님께서 그리스도 예수 안에서 우리를 만드셨습니다. 주님께서 이렇게 미리 준비하신 것은, 우리가 선한 일을 하며 살아가게 하시려는 것입니다.

(에베소서 2:3~10)

‖ 묵상

죄는 인간과 홀로 있으려 합니다. 죄는 인간에게서 공동체를 빼앗아 갑니다. 외로우면 외로울수록 죄의 권세는 사람에게 더 큰 파괴력을 행사합니다. 죄 속에 깊이 빠져 들어가면 갈수록, 고독은 그만큼 더 절망적이 됩니다. 죄는 드러나기를 원치 않습니다. 죄는 빛을 두려워 합니다. 그리고 표출되지 않은 것의 어둠 속에서 인간의 전 존재를 오염시킵니다. 이러한 일은 경건한 공동체 한 가운데서 일어날 수 있습니다. 그러나 죄의 고백을 통해 복음의 빛이 닫힌 마음의 어둠 속으로 일어날 수 있습니다. 죄는 빛으로 나아올 수밖에 없습니다. 표출되지 않았던 것이 공공연하게 표출되고 고백됩니다. 은밀하게 숨겨져 있던 모든 것이 이제 환하게 드러납니다. 죄를 드러내 고백하기까지는 치열한 투쟁이 벌어집니다. 그러나 주님께서는 놋쇠로 만든 문을 부수고 쇠빗장을 꺾으십니다. 그리스도인 형제 앞에서 죄를 고백할 때 비로소 자기 정당화의 마지막 아성이 포기됩니다. 죄인은 자신을 맡깁니다. 죄인은 그의 모든 악을 내려놓습니다. 그는 자신의 마음을 주님께 바칩니다. 그리고 그는 그의 모든 죄가 예수 그리스도와 형제의 공동체 안에서 용서받았음을 발견하게 됩니다. 이제는 공동체가 형제의 죄를 짊어집니다. 그는 이제 자신의 죄와 홀로 있지 않습니다.

— 디트리히 본회퍼

✠ 나의 묵상

✠ 나의 기도

✠ 성서정과

사 65:17~21 / 시 30:1~5, 8, 11~12 / 요 4:43~54

보아라, 내가 새 하늘과 새 땅을 창조할 것이니, 이전 것들은 기억되거나 마음에 떠오르거나 하지 않을 것이다. 그러니 너희는 내가 창조하는 것을 길이길이 기뻐하고 즐거워하여라. 보아라, 내가 예루살렘을 기쁨이 가득 찬 도성으로 창조하고, 그 주민을 행복을 누리는 백성으로 창조하겠다. 예루살렘은 나의 기쁨이 되고, 거기에 사는 백성은 나의 즐거움이 될 것이니, 그 안에서 다시는 울음 소리와 울부짖는 소리가 들리지 않을 것이다. (이사야 65:17~19)

✠ 묵상

거룩하신 아버지, 땅의 소산과 하늘의 영화와 바다의 신비로 당신을 찬미합니다. 매일 우리에게 당신의 복을 전하는 해와 달과 별을 보며 주를 찬미합니다. 즐거이 노래 부르는 새와 아름다운 향기를 내뿜는 꽃을 보며 당신을 찬미합니다. 우리에게 건강과 능력을 주신 당신을 찬미합니다. 여기 모여 주님을 기억하는 이들과 함께 당신을 찬미합니다. 주님, 언제나 우리와 함께하시고 마지막 날 당신의 나라에서 우리 모두를 하나로 모이게 하소서.

— 이블린 언더힐

♠ 나의 묵상

✥ 나의 기도

🕮 성서정과

겔 47:1~9, 12 / 시 46:1~8 / 요 5:1~3, 5~16

주님은 우리의 피난처이시며, 우리의 힘이시며, 어려운 고비마다 우리 곁에 계시는 구원자이시니, 땅이 흔들리고 산이 무너져 바다 속으로 빠져 들어도, 우리는 두려워하지 않는다. 물이 소리를 내면서 거품을 내뿜고 산들이 노하여서 뒤흔들려도, 우리는 두려워하지 않는다. 오, 강이여! 그대의 줄기들이 주님의 성을 즐겁게 하며, 가장 높으신 분의 거룩한 처소를 즐겁게 하는구나. 주님이 그 성 안에 계시니, 그 성이 흔들리지 않는다. 동틀녘에 주님이 도와주신다. (시편 46:1~5)

⚏ 묵상

자신을 돌아보기 바랍니다. 자신의 마음에 진지하게 물어보고 돌아보십시오. 그러면 '오직 한분'에게만 자신의 마음에 매달려 있는지 아닌지 쉽게 발견할 것입니다. 특별히 곤궁과 어려움에 처해 있을 때를 생각해보십시오. 그때 오직 주님께만 좋은 것을 기대하고 다른 모든 것을 거부하고 버릴 마음이 있다면, 당신은 바르게 그분을 섬기고 있는 것입니다. 반대로 주님이 아닌 다른 것에 매달려 좋은 것과 도움을 기대하고 있다면, 이는 당신이 우상을 섬기고 있다는 증거입니다.

— 마르틴 루터

✝ 나의 묵상

....

....

....

....

....

....

....

✤ 나의 기도

....

....

....

....

....

....

....

⛪ 성서정과

사 49:8~15 / 시 145:8~17 / 요 5:17~30

내가 진정으로 진정으로 너희에게 말한다. 내 말을 듣고 또 나를 보내신 분을 믿는 사람은, 영원한 생명을 가지고 있고 심판을 받지 않는다. 그는 죽음에서 생명으로 옮겨갔다. 내가 진정으로 진정으로 너희에게 말한다. 죽은 사람들이 주님의 아들의 음성을 들을 때가 오는데, 지금이 바로 그 때이다. 그리고 그 음성을 듣는 사람들은 살 것이다. 그것은, 아버지께서 자기 속에 생명을 가지고 계신 것 같이 아들에게도 생명을 주셔서, 그 속에 생명을 가지게 하여 주셨기 때문이다. (요한복음 5:24~26)

✣ 묵상

인생이라는 여정을 걷다 보면 여러 갈림길과 마주하지만, 근본적으로 선택지는 둘뿐입니다. 우리는 옛 아담의 두려움 속에서 죽음으로 되돌아가느냐(축소되느냐), 새로운 아담 안에 있는 사랑과 생명을 좇아 신앙으로 돌아서느냐, 둘 중 하나를 택해야 합니다. 그리스도께서는 우리에게 새로운 시작을 주시며 새로운 여정을 가능케 하십니다. 이 여정은 신앙과 믿음 위에서 시작됩니다. 한 가지는 분명합니다. 성숙을 향한 길에 현상 유지란 있을 수 없다는 것 말이지요.

— 마이클 마셜

✞ 나의 묵상

✠ 나의 기도

⛪ 성서정과

출 32:7~14 / 시 106:19~23 / 요 5:31~47

너희는 생명을 얻으러 나에게 오려고 하지 않는다. 나는 사람에게서 영광을 받지 않는다. 너희에게 주님을 사랑하는 마음이 없는 것도, 나는 알고 있다. 내가 내 아버지의 이름으로 왔는데, 너희는 나를 영접하지 않는다. 그러나 다른 이가 자기 이름으로 오면 너희는 그를 영접할 것이다. 너희는 서로 영광을 주고받으면서 오직 한 분이신 주님께서 주시는 영광은 구하지 않으니, 어떻게 믿을 수 있겠느냐? (요한복음 5:40~44)

⊞ 묵상

주님, 당신을 닮게 하소서. 우리는 한낱 인간에 불과하나 당신께서는 우리를 당신의 모습으로 빚으실 수 있습니다. 당신께서 몸소 피조물의 몸을 입으셔서 아버지께 영광을 돌리셨으니 온 세상은 우리가 당신과 같이 될 수 있다는 가장 경이로운 증거를 알게 되었습니다. 아버지께서 예수를 통하여 우리에게 주신 그 은총을 우리가 입게 하소서. 당신의 신성에 참여하게 하소서. 우리 마음의 문을 열고 들어오셔서 우리의 본질과 인격을 당신으로 가득 채우소서.

— 존 헨리 뉴먼

✠ 나의 묵상

✠ 나의 기도

✥ 성서정과

잠 12:6~13 / 시 34:15~22 / 요 7:1~2, 10, 25~30

예수께서 성전에서 가르치실 때에, 큰 소리로 말씀하셨다. "너희는 나를
알고, 또 내가 어디에서 왔는지를 알고 있다. 그런데 나는 내 마음대로 온
것이 아니다. 나를 보내신 분은 참되시다. 너희는 그분을 알지 못하지만,
나는 그분을 안다. 나는 그분에게서 왔고, 그분은 나를 보내셨기 때문이
다." 사람들이 예수를 잡으려고 하였으나, 아무도 그에게 손을 대는 사람
이 없었다. 그것은 그의 때가 아직 이르지 않았기 때문이다.

(요한복음 7:28~30)

✥ 묵상

우리는 주님이 우리를 사랑하시면서도 우리를 심판하신다는, 그분의
심판과 자애로운 사랑 사이의 관계를 이해하지 못합니다. 이 둘의 긴
장은 영리한 논증이나 거짓되고 뻔한 신학적 진단으로는 해결될 수
없습니다. 주님의 사랑과 심판은 저 수난과 구원이 이루어진 날들로
들어가기를 고대하고, 그 날들 속으로 들어가 그 시간을 겪어낼 때 비
로소 이해할 수 있습니다.

— 새라 코클리

✞ 나의 묵상

✠ 나의 기도

🕮 성서정과

렘 11:18~20 / 시 7:1~2, 9~11 / 요 7:40~52

주님께서 저에게 알려 주셔서, 제가 깨닫게 되었습니다. 그 때에 주님께서 그들의 모든 행실을 저에게 보여 주셨습니다. 저는 도살장으로 끌려가는 순한 어린 양과 같았습니다. 사람들이 저를 해치려고 "저 나무를, 열매가 달린 그대로 찍어 버리자. 사람 사는 세상에서 없애 버리자. 그의 이름을 다시는 기억하지 못하게 하자" 하면서 음모를 꾸미고 있는 줄을 전혀 몰랐습니다. … 저의 억울한 사정을 주님께 아뢰었으니, 주님께서 제 원수를 그들에게 갚아 주십시오. (예레미야 11:18~20)

╪ 묵상

기도란 우리가 억울해하거나, 제정신이 아니거나, 낙심했더라도 주님과 나누는 이야기, 또는 우리를 하나로 묶어주는 그분과 나누는 대화입니다. 기도는 온갖 악조건과 진부한 옛일에도 불구하고 우리는 사랑 받고 선택된 사람이라는 기회를 잡는 일입니다. 자신의 본 모습을 드러내기 전에는 제대로 된 기도를 할 수 없습니다. 그 반대의 경우도 진실일 수 있습니다. 자신의 본 모습을 감춘다면 제대로 된 기도를 할 수 없습니다.

— 앤 라모트

♆ 나의 묵상

✠ 나의 기도

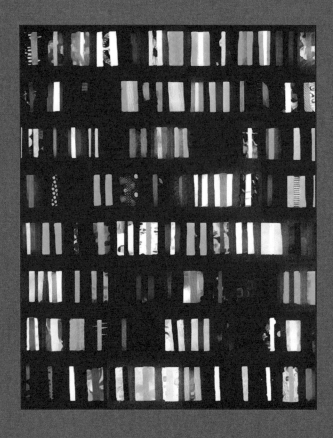

우리는 우리 자신을 주님의 뜻에 더 많이 내맡기는 법을 익혀야 하며,
그분께 드리는 우리의 '예'를 쇄신해야 합니다.
'당신의 뜻이 이루어지소서'라고 말하며 우리의 뜻을 그분 뜻에 일치시키기 위한,
우리에게서 나올 수 있는 힘을 그분께 청해야 합니다.

사순절
제5주

🕮 성서정과

겔 37:1~14	렘 31:31~34	사 43:16~21
시 130	시 51:1~12(119:9~16)	시 126
롬 8:6~11	히 5:5~10	빌 3:4하~14
요 11:1~45	요 12:20~33	요 12:1~8

이와 같이 그리스도께서도 자기 자신을 스스로 높여서 대제사장이 되는 영광을 차지하신 것이 아니라, 그에게 "너는 내 아들이다. 오늘 내가 너를 낳았다" 하고 말씀하신 분이 그렇게 하신 것입니다. 또 다른 곳에서 "너는 멜기세덱의 계통을 따라 임명받은 영원한 제사장이다" 하고 말씀하셨습니다. 예수께서 육신으로 세상에 계실 때에, 자기를 죽음에서 구원하실 수 있는 분께 큰 부르짖음과 많은 눈물로써 기도와 탄원을 올리셨습니다. 주님께서는 예수의 경외심을 보시어서, 그 간구를 들어주셨습니다. 그는 아드님이시지만, 고난을 당하심으로써 순종을 배우셨습니다. 그리고 완전하게 되신 뒤에, 자기에게 순종하는 모든 사람에게 영원한 구원의 근원이 되시고, 주님에게서 멜기세덱의 계통을 따라 대제사장으로 임명을 받으셨습니다. (히브리서 5:5~10)

╫ 묵상

우리는 날마다 주님의 기도를 바치며 주님께 청합니다. 아버지의 뜻이 하늘에서와 같이 땅에서도 이루어지게 하소서. 우리는 우리를 향한, 우리를 위한 아버지의 뜻이 있음을 알고 있습니다. 이 뜻은 날마다, 점점 더 많이 우리가 바라는 바와 우리 존재의 준거가 되어야 합니다. 또한 우리는 주님의 뜻이 하늘에서 이루어지며 땅에서 그 뜻이 이루어질 때 비로소, 사랑과 자애와 진리와 주님의 아름다움이 함께하는 하늘이 됨을 압니다. 겟세마니에서, 끔찍하고도 경이로웠던 그날 밤, 예수가 아버지를 향해 기도했을 때 땅은 하늘이 되었습니다. 공포에 휩싸이고 번민했던 그의 인간적인 면모라는 '땅'은 주님의 뜻 안으로 받아들여졌습니다. 이로써 주님의 뜻은 땅에서 이루어졌습니다. 이는 우리가 기도할 때도 마찬가지입니다. 우리는 우리 자신을 주님의 뜻에 더 많이 내맡기는 법을 익혀야 하며, 그분께 드리는 우리의 '예'를 쇄신해야 합니다. '당신의 뜻이 이루어지소서'라고 말하며 우리의 뜻을 그분 뜻에 일치시키기 위한, 우리에게서 나올 수 있는 힘을 그분께 청해야 합니다.

— 요셉 라칭거

☰ 나의 묵상

✦ 나의 기도

📖 성서정과

수 2:1~14 / 시 23 / 요 8:1~11

주님은 나의 목자시니, 내게 부족함 없어라. 나를 푸른 풀밭에 누이시며 쉴 만한 물 가로 인도하신다. 나에게 다시 새 힘을 주시고, 당신의 이름을 위하여 바른 길로 나를 인도하신다. 내가 비록 죽음의 그늘 골짜기로 다닐지라도, 주님께서 나와 함께 계시고, 주님의 막대기와 지팡이로 나를 보살펴 주시니, 내게는 두려움이 없습니다. 주님께서는, 내 원수들이 보는 앞에서 내게 잔칫상을 차려 주시고, 내 머리에 기름 부으시어 나를 귀한 손님으로 맞아 주시니, 내 잔이 넘칩니다. 진실로 주님의 선하심과 인자하심이 내가 사는 날 동안 나를 따르리니, 나는 주님의 집으로 돌아가 영원히 그 곳에서 살겠습니다. (시편 23편)

╬ 묵상

양들의 위대한 목자이신 예수를 살리신 평화의 아버지, 영원한 계약의 피로 우리와 함께하시어 우리 안에 온갖 좋은 것을 완전하게 하시며 당신의 뜻을 이루소서. 우리 삶을 통해 당신께서 기뻐하시는 일을 할 수 있게 해주소서. 예수 그리스도께서 모든 영광을 홀로 영원무궁토록 받으시기를 기도합니다. 아멘.

— 이블린 언더힐

☰ 나의 묵상

✠ 나의 기도

✤ 성서정과

민 21:4~9 / 시 102:1~2, 15~22 / 요 8:21~30

예수께서 말씀하셨다. "너희는, 인자가 높이 들려 올려질 때에야, '내가 곧 나'라는 것과, 또 내가 아무것도 내 마음대로 하지 아니하고 아버지께서 나에게 가르쳐 주신 대로 말한다는 것을 알게 될 것이다. 나를 보내신 분이 나와 함께 하신다. 그분은 나를 혼자 버려 두지 않으셨다. 그것은, 내가 언제나 아버지께서 기뻐하시는 일을 하기 때문이다." 이 말씀을 듣고, 많은 사람이 예수를 믿게 되었다. (요한복음 8:28~30)

✤ 묵상

주님, 당신은 보호자이십니다. 당신이 안 계시면 힘도 거룩함도 없나니 당신의 자비를 저희 위에 한없이 내려주소서. 당신은 저희를 다스리시고 안내하시니 잠시 지나갈 일에 매이지 않게 하시고 영원한 당신 말씀 붙잡게 하소서. 하늘에 계신 아버지, 이 간구를 들어주소서. 우리 주 예수 그리스도 이름으로 기도드립니다. 아멘.

— 에스더 드 왈

Ⅲ 나의 묵상

✠ 나의 기도

🕮 성서정과

> 단 3:14~20, 24~25, 28 / 시 24:1~6 / 요 8:31~42

"너희가 나의 말에 머물러 있으면, 너희는 참으로 나의 제자들이다. 그리고 너희는 진리를 알게 될 것이며, 진리가 너희를 자유롭게 할 것이다." 그들은 예수께 말하였다. "우리는 아브라함의 자손이라 아무에게도 종노릇한 일이 없는데, 당신은 어찌하여 우리가 자유롭게 될 것이라고 말합니까?" 예수께서 대답하셨다. "내가 진정으로 진정으로 너희에게 말한다. 죄를 짓는 사람은 다 죄의 종이다. … 그러므로 아들이 너희를 자유롭게 하면, 너희는 참으로 자유롭게 될 것이다." (요한복음 8:31~34, 36)

╫ 묵상

우리는 예수, 살과 피를 지닌 인간이 되신 말씀을 신뢰함으로써 거룩하신 아버지의 자녀가 되는 자유와 권세를 얻습니다. 그리하여 그분의 기쁨을 더 온전히 누리게 됩니다. 우리는 그분으로 인해 살아 움직이며 그분 안에서 살아 숨 쉽니다. 세계가 존재하는 것은 거룩하신 아버지께서 당신의 사랑을 거두지 않으시고 완전한 당신에게서 거침없이 흘러나오게 하셨기 때문입니다. 그분은 세상을 창조하시고 당신의 아들을 선물로 주심으로써 이 세계를 사랑으로 가득 채우십니다.

— 로완 윌리엄스

✠ 나의 묵상

✠ 나의 기도

🕮 성서정과

창 17:3-9 / 시 105:4-9 / 요 8:51~59

주님을 찾고, 그의 능력을 힘써 사모하고, 언제나 그의 얼굴을 찾아 예배하여라. 주님께서 이루신 놀라운 일을 기억하여라. 그 이적을 기억하고, 내리신 판단을 생각하여라. 그의 종, 아브라함의 자손아, 그가 택하신 야곱의 자손아! 그가 바로 주 우리의 주님이시다. 그가 온 세상을 다스리신다. 그는, 맺으신 언약을 영원히 기억하신다. 그가 허락하신 약속이 자손 수천 대에 이루어지도록 기억하신다. (시편 105:4-8)

⽤ 묵상

우리는 신실하지 않습니다. 진정한 증인은 이 사실을 알고 있으며, 이 사실을 말합니다. 비록 내가 신실하지 않더라도 주님은 언제나 신실하시며, 자신의 약속을 철회하지 않으십니다. 그분은 자신의 약속을 언제나 다시금 진실하게 지키십니다. 우리가 그리스도인으로서 계속 증인으로 머물 수 있다면, 이는 주님의 창조 덕분입니다. 그리스도는 전적으로 우리를 대변하십니다. 그리스도는 영생을 위해 우리에게 자신의 살과 피를 먹여주십니다.

— 칼 바르트

♒ 나의 묵상

✤ 나의 기도

✠ 성서정과

렘 20:10~13 / 시 18:1~6 / 요 10:31~42

"아버지께서 거룩하게 하여 세상에 보내신 사람이, 자기를 거룩하신 아버지의 아들이라고 한 말을 가지고, 너희는 그가 거룩하신 그분을 모독한다고 하느냐? 내가 내 아버지의 일을 하지 아니하거든, 나를 믿지 말아라. 그러나 내가 그 일을 하고 있으면, 나를 믿지는 아니할지라도, 그 일은 믿어라. 그리하면 너희는, 아버지께서 내 안에 계시고 또 내가 아버지 안에 있다는 것을, 깨달아 알게 될 것이다." 그들이 다시 예수를 잡으려고 하였으나, 예수께서는 그들의 손을 벗어나서 피하셨다." (요한복음 10:36~39)

✠ 묵상

오, 주님! 당신께서는 가난하고 불쌍한 피조물들을 아십니다. 우리는 심히 연약하여 당신의 거룩한 말씀 앞에서 감사할 줄 모르고, 당신의 뜻을 제 맘대로 구부려가며 삽니다. 주님, 우리를 불쌍히 여겨 주소서. 우리의 교만을 징계하시되, 당신의 자비 가운데 새로운 피조물로 거듭나게 하여 주소서. 당신이야말로 우리의 가장 자비로운 하늘 아버지이심을 깨닫게 하소서. 당신의 사랑하는 아들이며 우리의 대언자되신 예수 그리스도의 이름으로 기도드립니다. 아멘.

— 마르틴 루터

✠ 나의 묵상

✠ 나의 기도

✠ 성서정과

겔 37:21~28 / 시 121 / 요 11:45-57

그들에게 말해 주어라. '... 이스라엘 백성이 들어가 살고 있는 그 여러 민족 속에서 내가 그들을 데리고 나오며, 사방에서 그들을 모아다가, 그들의 땅으로 데리고 들어가겠다. 그들의 땅 이스라엘의 산 위에서 내가 그들을 한 백성으로 만들고, 한 임금이 그들을 다스리게 하며 그들이 다시는 두 민족이 되지 않고, 두 나라로 갈라지지 않을 것이다. ... 내가 그들을 구해 내어 깨끗이 씻어 주면, 그들은 내 백성이 되고 나는 그들의 주님이 될 것이다. (에스겔 37:21~23)

✠ 묵상

우리 주님은 "나와 내 아버지가 하나인 것 같이" 우리 모두 하나가 되게 해달라고 기도하셨습니다. 그러나 주님과 아버지께서는 군주적 통치를 받아들이는 방식으로 하나 되신 것이 아닙니다. 통치의 하나됨, 심지어 신조의 하나됨도 반드시 사랑의 연합으로 이어지는 것은 아닙니다. 분명 분열은 대단히 큰 악입니다. 그러나 만약 재결합이 나타난다면, 이는 사랑이 많아진 결과일 것입니다. 그리고 이 일은 이미 시작되고 있는지도 모릅니다.

—C.S. 루이스

✟ 나의 묵상

✟ 나의 기도

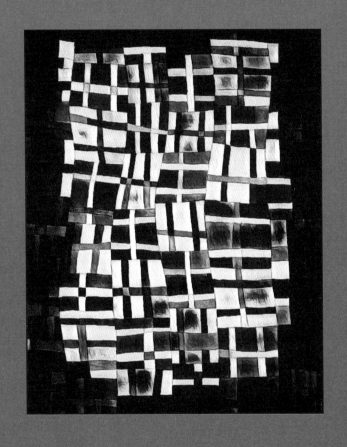

우리가 믿는 주님은 우리의 가장 어둡고 사악한 죄,

그 죄의 결과까지를 자신의 것으로 취하시는 분입니다

고난주간
(성주간)

🕮 성서정과

사 50:4~9상	사 50:4~9상	사 50:4~9상
시 31:9~16	시 31:9~16	시 31:9~16
빌 2:5~11	빌 2:5~11	빌 2:5~11
마 26:14~27:66	막 14:1~15:47	눅 22:14~23:56
(27:11~54)	(15:1~39(40~47))	(23:1~49)

예수를 십자가에 못박은 때는, 아침 아홉 시였다. 그의 죄패에는 '유대인의 왕'이라고 적혀 있었다. 그들은 예수와 함께 강도 두 사람을 십자가에 못박았는데, 하나는 그의 오른쪽에, 하나는 그의 왼쪽에 달았다. (없음) 지나가는 사람들이 머리를 흔들면서, 예수를 모욕하며 말하였다. "아하! 성전을 허물고 사흘만에 짓겠다던 사람아, 자기나 구원하여 십자가에서 내려오려무나!" 대제사장들도 율법학자들과 함께 그렇게 조롱하면서 말하였다. "그가, 남은 구원하였으나, 자기는 구원하지 못하는구나! 이스라엘의 왕 그리스도는 지금 십자가에서 내려와 봐라. 그래서 우리로 하여금 보고 믿게 하여라!" 예수와 함께 십자가에 달린 두 사람도 그를 욕하였다. 낮 열두 시가 되었을 때에, 어둠이 온 땅을 덮어서, 오후 세 시까지 계속되었다. 세 시에 예수께서 큰소리로 부르짖으셨다. "엘로이 엘로이 레마 사박다니?" 그것은 번역하면 "나의 아버지, 나의 아버지, 어찌하여 나를 버리셨습니까?" 하는 뜻이다. 거기에 서 있는 사람들 가운데서 몇이, 이 말을 듣고서 말하였다. "보시오, 그가 엘리야를 부르고 있소." 어떤 사람이 달려가서, 해면을 신 포도주에 푹 적셔서 갈대에 꿰어, 그에게 마시게

하며 말하였다. "어디 엘리야가 와서, 그를 내려 주나 두고 봅시다." 예수께서는 큰 소리를 지르시고서 숨지셨다. (그 때에 성전 휘장이 위에서 아래까지 두 폭으로 찢어졌다.) 예수를 마주 보고 서 있는 백부장이, 예수께서 이와 같이 숨을 거두시는 것을 보고서 말하였다. "참으로 이분은 주님의 아들이셨다." (마가복음 15:25-39)

‡ 묵상

우리가 그것을 무엇이라 부르든 인류는 여전히 소외, 진실의 왜곡, 지옥 같은 현실, 죽음을 경험합니다. 이를 가리키는 언어를 버릴 때 그 앞에서 우리는 그저 벙어리가 될 뿐입니다. 무어라 부를지도 모르는 사태가 우리 삶에 일어날 때 우리가 할 수 있는 일이란, 그저 그 사태를 회피하는 것뿐입니다. 그렇기에 아이러니하게도 죄의 언어가 사라지면 은총의 언어 또한 약해집니다. 무엇을 용서받았는지 충분히 알지 못하면 그 용서가 우리 삶을 어떻게 변화시킬 수 있는지도 다 알 수 없기 때문입니다. .십자가는 예수가 우리에게 보낸 (용서의) 입맞춤입니다. 하지만 예수를 십자가에 매달리게 한 죽음의 힘이 얼마나 큰지 모른다면, 그리고 우리가 그 일의 공모자임을 깨닫지 못한다면, 이 용서의 입맞춤은 우리와 무관해집니다. 결국 우리는 그의 놀라운 초대, 예수와 함께하는 새로운 삶으로의 초대에 응할 수도 없게 됩니다.

— 바바라 브라운 테일러

✠ 나의 묵상

✠ 나의 기도

🕮 성서정과

사 42:1~9 / 시 36:5~11 / 히 9:11~15 / 요 12:1~11

그는 염소나 송아지의 피로써가 아니라, 자기의 피로써, 우리에게 영원한 구원을 이루셨습니다. 염소나 황소의 피와 암송아지의 재를 더러워진 사람들에게 뿌려도, 그 육체가 깨끗하여져서, 그들이 거룩하게 되거든, 하물며 영원한 성령을 힘입어 자기 몸을 흠 없는 제물로 삼아 주님께 바치신 그리스도의 피야말로, 더욱더 우리들의 양심을 깨끗하게 해서, 우리로 하여금 죽은 행실에서 떠나서 살아 계신 아버지를 섬기게 하지 않겠습니까? (히브리서 9:12~14)

╬ 묵상

예수께서 이 세상에 오신 이유는 기계적인 평화를 이루기 위함이 아니라 세계의 '갱신'입니다. 그분 안에서 가까이 다가온 하늘 나라는 아주 높은 곳으로 영원히 추방될 수 있는, 그래서 이 세상에서는 실제적이고 구체적인 영향력을 전혀 행사할 수 없는 피안의 세계가 아닙니다. 그분의 교회 안에서 이루어지는 그리고 교회를 통해 세상 안에서 이루어지는 예수 그리스도의 통치, 성령의 활동은 분명히 통제할 수 없으며, 단 하나의 형태와 모양으로 제한될 수도 없습니다.

— 칼 바르트

� 나의 묵상

_____

_____

_____

_____

_____

_____

_____

✦ 나의 기도

_____

_____

_____

_____

_____

_____

_____

🕮 성서정과

사 49:1~7 / 시 71:1~14 / 고전 1:18~31 / 요 12:20~36

"지금 내 마음이 괴로우니, 무슨 말을 하여야 할까? '아버지, 이 시간을 벗어나게 하여 주십시오' 하고 말할까? 아니다. 나는 바로 이 일 때문에 이때에 왔다. 아버지, 아버지의 이름을 영광스럽게 드러내십시오." 그 때에 하늘에서 소리가 들려 왔다. "내가 이미 영광되게 하였고, 앞으로도 영광되게 하겠다." 거기에 서서 듣고 있던 무리 가운데서 더러는 천둥이 울렸다고 하고, 또 더러는 천사가 그에게 말하였다고 하였다.

(요한복음 12:27~29)

‡ 묵상

거룩하신 주님이신 예수 그리스도는 모든 것을 아십니다. 연인이 입을 맞추며 서로를 알 듯, 친히 더욱 모욕을 당하심으로서, 우리가 겪는 고통을 온전히 아십니다. 또한 인간이신 그분은 인간으로서, 우리가 그 고통 속에서 철저히 무지하듯이 그렇게 무지 속에 계십니다. 그리스도인인 우리는 우리가 기쁘게 해야 하고 화가 나면 달래야 하는 신을 믿지 않습니다. 우리가 믿는 주님은 우리의 가장 어둡고 사악한 죄, 그 죄의 결과까지를 자신의 것으로 취하시는 분입니다.

— 새라 코클리

🏛 나의 묵상

✠ 나의 기도

⛪ 성서정과

사 50:4~9상 / 시 70 / 히 12:1~3 / 요 13:21~32

주님, 너그럽게 보시고 나를 건져 주십시오. 주님, 빨리 나를 도와주십시오. 내 목숨을 노리는 자들이 수치를 당하게 해주십시오. 내 재난을 기뻐하는 자들이 모두 물러나서 수모를 당하게 해주십시오. … 주님의 승리를 즐거워하는 모든 사람이 "주님은 위대하시다" 하고 늘 찬양하게 해주십시오. 그러나 불쌍하고 가난한 이 몸, 주님, 나에게로 빨리 와 주십시오. 주님은 나를 도우시는 분, 나를 건져 주시는 분이십니다. 주님, 지체하지 마십시오. (시편 70편)

╫ 묵상

우리에게 은총을 베푸시는 주님, 당신은 모욕당하고 경멸당하는 모든 사람과 함께 하심으로써 당신의 정체를 드러내셨습니다. 비참함과 갈급함 가운데 저들의 울부짖는 소리가 당신에게 닿기를, 그리하여 그들이 고통을 겪는 와중에, 그 비참함과 갈급함 사이로 당신의 자비를 발견할 수 있기를 바랍니다. 그리고 우리를 위해 수난당하신 우리 주 예수 그리스도를 위하여, 비참함과 갈급함 가운데 있는 이들을 섬길 수 있기를, 그들에게 공감하는 마음 갖기를 기도합니다. 아멘.

— 새라 코클리

✟ 나의 묵상

✟ 나의 기도

🕮 성서정과

출 12:1~4(5-10), 11~14 / 시 116:1~2, 12~19 / 고전 11:23~26 / 요 13:1~17, 31하~35

예수께서 제자들의 발을 씻겨주신 뒤에, 옷을 입으시고 식탁에 다시 앉으셔서, 그들에게 말씀하셨다. "내가 너희에게 한 일을 알겠느냐? ... 주이며 선생인 내가 너희의 발을 씻겨 주었으니, 너희도 서로 남의 발을 씻겨 주어야 한다. 내가 너희에게 한 것과 같이, 너희도 이렇게 하라고, 내가 본을 보여 준 것이다. 내가 진정으로 진정으로 너희에게 말한다. 종이 주인보다 높지 않으며, 보냄을 받은 사람이 보낸 사람보다 높지 않다."

(요한복음 13:12-16)

⌗ 묵상

인간의 사랑은 자기 자신을 자기 목적과 공적, 그리고 우상으로 만들어 경배하며 모든 것을 그 아래 복종시키려 합니다. 인간의 사랑이 돌보고 양육하며 사랑하는 것은 자신뿐입니다. 그러나 주님의 사랑은 예수 그리스도를 통해 나오며, 오직 그분만을 섬깁니다. 인간의 사랑은 주님의 사랑을 결코 이해할 수 없습니다. 그분의 사랑은 지상의 모든 사랑과는 전적으로 다른 낯선 것, 파악 불가능한 것입니다.

— 디트리히 본회퍼

𝍢 나의 묵상

_____

_____

_____

_____

_____

_____

_____

✤ 나의 기도

_____

_____

_____

_____

_____

_____

_____

_____

🕮 성서정과

욥 14:1~14 / 시 31:1~4, 15~16 / 벧전 4:1~8 / 마 27:57~66

그들은 예수를 십자가에 못 박았다. ... 빌라도는 또한 명패도 써서, 십자가에 붙였다. 그 명패에는 '유대인의 왕 나사렛 사람 예수' 라고 썼다. ... 그 뒤에 예수께서는 모든 일이 이루어졌음을 아시고, 성경 말씀을 이루시려고 "목마르다" 하고 말씀하셨다. ... 예수께서 신 포도주를 받으시고서, "다 이루었다" 하고 말씀하신 뒤에, 머리를 떨어뜨리시고 숨을 거두셨다.

(요한복음 19:18~19, 28, 30)

╫ 묵상

우리는 당신이 주신 생명에게 죄를 짓습니다. 성자 예수께서 달리신 십자가에서 그 고통을 봅니다. 그분께서 여전히 고통 중에 계시기에 우리의 불신이 우리를 멸하지 못함을 압니다. 그리스도께 서로를 위해 간구하게 하셔서 외로움을 이기게 하소서. 죄는 우리의 눈을 가릴 뿐이니 우리를 자유케 하셔서 서로 이웃이 되게 하소서. 고통 중에, 두려움 가운데 무엇보다 우리가 서로 도움이 필요한 존재임을 깨닫게 하소서. 이를 깨달아 서로 돕게 하소서. 그럴 수 있는 힘을 주소서.

— 스탠리 하우어워스

⊞ 나의 묵상

⊕ 나의 기도

🕮 성서정과

욥 14:1~14 / 시 31:1~4, 15~16 / 벧전 4:1~8 / 마 27:57~66

"사흘째 되는 날까지는, 무덤을 단단히 지키라고 명령해 주십시오. 혹시 그의 제자들이 와서, 시체를 훔쳐 가고서는, 백성에게는 '그가 죽은 사람들 가운데서 살아났다' 하고 말할지도 모릅니다. 그렇게 되면, 이번 속임수는 처음 것보다 더 나쁜 영향을 미칠 것입니다." 빌라도가 그들에게 말하였다. "경비병을 내줄 터이니, 물러가서 재주껏 지키시오." 그들은 물러가서 그 돌을 봉인하고, 경비병을 두어서 무덤을 단단히 지켰다.

(마태복음 27:64~66)

╫ 묵상

오, 주님, 고요한 어둠 속에서 당신을 부릅니다. 당신의 자비와 사랑을 보여주소서. 당신의 얼굴을 보고, 목소리를 듣고, 옷자락을 만지게 하소서. 당신을 사랑하고 싶습니다. 당신과 함께하고 싶습니다. 당신과 대화하며 당신 곁에 그저 서 있기 원합니다. 오, 주님, 그 순간이 하루 속히 오기를 기도합니다. 혹여 더디 오신다면 제가 인내할 수 있도록 도와주소서. 아멘.

— 헨리 나우웬

亜 나의 묵상

✦ 나의 기도

"놀라지 마시오. 그대들은 십자가에 못박히신 나사렛 사람 예수를 찾고 있지만, 그는 살아나셨소. 그는 여기에 계시지 않소. 보시오, 그를 안장했던 곳이오. 그러니 그대들은 가서, 그의 제자들과 베드로에게 말하기를 그는 그들보다 먼저 갈릴리로 가실 것이니, 그가 그들에게 말씀하신 대로, 그들은 거기에서 그를 볼 것이라고 하시오."

부활절
제1주

🕮 성서정과

행 10:34~43	행 10:34~43	행 10:34~43
시 118:1~2, 14~24	시 118:1~2, 14~24	시 118:1~2, 14~24
골 3:1~4	고전 15:1~11	고전 15:19~26
마 28:1~10	막 16:1~8	눅 24:1~12

안식일이 지났을 때에, 막달라 마리아와 야고보의 어머니 마리아와 살로메는 가서 예수께 발라 드리려고 향료를 샀다. 그래서 이레의 첫날 새벽, 해가 막 돋은 때에, 무덤으로 갔다. 그들은 "누가 우리를 위하여 그 돌을 무덤 어귀에서 굴려내 주겠는가?" 하고 서로 말하였다. 그런데 눈을 들어서 보니, 그 돌덩이는 이미 굴려져 있었다. 그 돌은 엄청나게 컸다. 그 여자들은 무덤 안으로 들어가서, 웬 젊은 남자가 흰 옷을 입고 오른쪽에 앉아 있는 것을 보고 몹시 놀랐다. 그가 여자들에게 말하였다. "놀라지 마시오. 그대들은 십자가에 못박히신 나사렛 사람 예수를 찾고 있지만, 그는 살아나셨소. 그는 여기에 계시지 않소. 보시오, 그를 안장했던 곳이오. 그러니 그대들은 가서, 그의 제자들과 베드로에게 말하기를 그는 그들보다 먼저 갈릴리로 가실 것이니, 그가 그들에게 말씀하신 대로, 그들은 거기에서 그를 볼 것이라고 하시오." 그들은 뛰쳐 나와서, 무덤에서 도망하였다. 그들은 벌벌 떨며 넋을 잃었던 것이다. 그들은 무서워서, 아무에게도 아무 말도 못하였다. (마가복음 16:1~8)

⫯ 묵상

부활 사건은 현실의 참된 바탕, 기초를 이루는 무언가가 드러난 사건입니다. 그러니 부활의 기쁨은 순간적인 느낌이나 감정이 아닙니다. 이 기쁨은 그러한 것들에 결코 휘둘리지 않으며 우리 마음에 뿌리내려 다른 모든 것을 위한 기초로 남습니다. 그리스도인은 이 세계에 관한 특정 이론을 받아들인 사람이 아닙니다. 그리스도인은 예수의 부활이라는 사건을 통해 그 정체가 드러난 기쁨의 능력에 기대어 살아가는 사람입니다. 세례를 받아 그리스도 '안으로' 들어간다는 것은 이 기쁨과 영원히 연결되는 것, 우리가 지녀야 할 존재에 대한 감각이 언제나 흘러들어오는 통로를 선물 받는 것을 뜻합니다. 이기심과 두려움은 이전에는 이 통로를 막아섰고 여전히 그 잔해물들이 남아있을 수도 있습니다. 이를 없애기 위해서는 탁월한 사람이나 비범한 이야기와의 만남, 열정적인 사랑, 극심한 고통의 목격과 같은, 우리를 뒤흔들어 이른바 '정상적인' 습관에서 벗어나게 해주는 일들이 필요할 수도 있습니다. 또한 우리는 우리를 둘러싼 사회적 환경을 어떻게 조성해야 다른 사람들, 특히 가난한 이들, 장애가 있는 이들, 그 밖의 다른 여러 불리한 조건 때문에 불안에 휩싸인 채 살아가는 이들도 이를 누릴 수 있을지 부단히 고민해야 합니다. 이 세상에 주어진 그리스도교의 기쁨, 곧 부활의 기쁨은 긴장과 고통, 혹은 낙심에서 벗어난 영구히 행복한 사회를 보장하지 않습니다. 그러나 부활의 기쁨은 아무것도 예측할 수 없는 세상에서 어떠한 일이 일어나든 간에 이 현실에는 더 깊은 차원이 있음을 확증합니다. 이 차원은 세계 안에 있는 또 다른 세계이며 사랑과 화해가 끊임없이 일어나는 세계입니다. 이 세계와 연결됨으로써 우리는 정직하고 용기 있게 끊임없이 다가오는 도전들에 응하며 살아갈 수 있습니다. 첫 부활의 아침, "땅속 깊은 곳에서 큰 샘들이 모두" 터져 열렸습니다. 이제 우리는 빈 무덤을 찾은 베드로와 요한처럼 어둠 속을 잠시 들여다봅니다. 세계가 뒤바뀌었습니다. 기쁨이 가능해졌습니다.

— 로완 윌리엄스

🜊 나의 묵상

_____

_____

_____

_____

✠ 나의 기도

_____

_____

_____

_____

🕮 성서정과

행 2:14, 22~32 / 시 16:1~2, 6~11 / 마 28:8-15

여자들은 무서움과 큰 기쁨이 엇갈려서, 급히 무덤을 떠나, 이 소식을 그의 제자들에게 전하려고 달려갔다. 그런데 갑자기 예수께서 여자들과 마주쳐서 "평안하냐?" 하고 말씀하셨다. 여자들은 다가가서, 그의 발을 붙잡고, 그에게 절을 하였다. 그 때에 예수께서 그 여자들에게 말씀하셨다. "무서워하지 말아라. 가서, 나의 형제들에게 갈릴리로 가라고 전하여라. 그러면, 거기에서 그들이 나를 만날 것이다." (마태복음 28:8-10)

╪ 묵상

부활. 여기, 그리스도교 신앙의 핵심에 있는 위대한 진리가 있습니다. 여기에 여러분의 삶을 걸고 싸우십시오. 그러면 모든 것이 변화할 것입니다. 죽으십시오. 돌아서십시오. 바라보십시오. 그리고 이 신비로운 몸 안에서 살아가십시오. 이 신비로운 몸은 구원, 기쁨, 충만함이 있는 그리스도인의 삶이라는 위대한 여정을 걷고 있는 모든 이와 함께하고 있습니다. 우리의 모든 연약함 속에서, 우리의 모든 영광 속에서, 우리의 생이 끝날 때까지 그분은 우리를 붙드실 것입니다. 진실로, 그리스도께서 살아나셨기 때문입니다.

— 새라 코클리

✚ 나의 묵상

✤ 나의 기도

✝ 성서정과

행 2:36~41 / 시 33:4~5,18~22 / 요 20:11~18

"주님께서는 여러분이 십자가에 못박은 이 예수를 주님과 그리스도가 되

게 하셨습니다." 사람들이 이 말을 듣고 마음이 찔려서 "형제들이여, 우

리가 어떻게 하면 좋겠습니까?" 하고 베드로와 다른 사도들에게 말하였

다. 베드로가 대답하였다. "회개하십시오. 그리고 여러분 각 사람은 예수

그리스도의 이름으로 세례를 받고, 죄 용서를 받으십시오. 그리하면 성령

을 선물로 받을 것입니다." (사도행전 2:36~38)

✝ 묵상

주님, 당신께서는 당신의 모든 자녀를 불의에 맞서는 싸움으로, 당신

의 나라로 부르셨습니다. 우리를 받아주시고 당신께서 쓰시기에 합

당하게 우리를 새로이 빚어주소서. 우리 안에 오셔서 우리의 영혼을

깨끗하게 하소서. 우리에게 두려움 대신 성령을 주소서. 당신께서 예

비하신 싸움터로 우리를 이끄소서. 그곳에서 우리를 만나소서. 그리

고 우리를 도와주시고 위로하소서. 우리 홀로는 할 수 있는 일이 아무

것도 없습니다. 그러나 당신의 은총과 성도의 교제를 통해 이 세대가

갈급하는 것을 베풀고 다가오는 나라의 평화를 선포하게 하소서.

— 이블린 언더힐

✞ 나의 묵상

✧ 나의 기도

✤ 성서정과

행 3:1~10 / 시 105:1~9 / 눅 24:13~35

너희는 주님께 감사하면서, 그의 이름을 불러라. 그가 하신 일을 만민에
게 알려라. 그에게 노래하면서, 그를 찬양하면서, 그가 이루신 놀라운 일
들을 전하여라. 그의 거룩하신 이름을 찬양하여라. 주님을 찾는 이들은
기뻐하여라. 주님을 찾고, 그의 능력을 힘써 사모하고, 언제나 그의 얼굴
을 찾아 예배하여라. 주님께서 이루신 놀라운 일을 기억하여라. … 그의
종, 아브라함의 자손아, 그가 택하신 야곱의 자손아! 그가 바로 우리의 주
님이시다. 그가 온 세상을 다스리신다. (시편 105:1~5, 6~7)

╫ 묵상

빛이 왔습니다. … '모든 빛 중의 빛', 유일한 빛 … 이 빛은 모든 어둠
을 사라지게 할 수 있습니다. … 하지만 빛이 진정으로 빛 중의 빛이
되려면 어둠에게 자신을 강요하거나 무력으로 어둠을 정복할 수는
없습니다. 그렇기에 부활해서 영광을 입은 그리스도는 우리를 강제
하지 않습니다. "나는 문밖에 서서, 문을 두드리고 있다." 여기서 우
리는 가장 심오한 사랑을 만납니다. "오너라. 이를 너에게 강요하지
는 않겠다. 나는 너에게 자유를 준다. 그러니, 이제 오너라."

— 자끄 엘륄

♱ 나의 묵상

✤ 나의 기도

🕮 성서정과

행 3:11~26 / 시 8 / 눅 24:35~48

그 두 사람도 길에서 겪은 일과 빵을 떼실 때에 비로소 그를 알아보게 된 일을 이야기하였다. 그들이 이런 이야기를 하고 있을 때에, 예수께서 몸소 그들 가운데 들어서서 말씀하셨다. "너희에게 평화가 있어라." 그들은 놀라고, 무서움에 사로잡혀서, 유령을 보고 있는 줄로 생각하였다. 예수께서는 그들에게 말씀하셨다. "어찌하여 너희는 당황하느냐? 어찌하여 마음에 의심을 품느냐? 내 손과 내 발을 보아라. 바로 나다. 나를 만져 보아라. 유령은 살과 뼈가 없지만, 너희가 보다시피, 나는 살과 뼈가 있다."

(누가복음 24:35~39)

╬ 묵상

주님, 믿음이 작은 우리에게 믿음을 주소서. 두려워 떨고 있는 우리의 소망 위에 당신의 따뜻한 소망을 입히소서. 차갑게 식은 사랑의 불길을 다시 일게 하소서. … 당신을 경외하는 사람을 홀로 두지 않으시는 주님, 우리 마음을 당신의 이름 아래 하나로 묶으소서. 당신을 두려워하는 마음이 당신을 향한 신뢰로 거듭나게 하소서. 아멘.

— 랜슬럿 앤드루스

ⅲ 나의 묵상

✦ 나의 기도

✚ 성서정과

행 4:1~12 / 시 118:1~4, 22~26 / 요 21:1~14

이 사람이 성한 몸으로 여러분 앞에 서게 된 것은, 여러분이 십자가에 못박아 죽였으나 주님이 죽은 사람들 가운데서 살리신 나사렛 예수 그리스도의 이름을 힘입어서 된 것입니다. 이 예수는 '너희들 집 짓는 사람들에게는 버림받은 돌이지만, 집 모퉁이의 머릿돌이 되신 분'입니다. 이 예수 밖에는, 다른 아무에게도 구원은 없습니다. ... 하늘 아래에 이 이름 밖에 다른 이름이 없습니다. (사도행전 4:10~12)

✚ 묵상

예수는 당시 사람들이 바라는 메시아가 아니었습니다. 하지만 전쟁에서 승리해 적들의 왕을 무릎 꿇고 백성 위에 군림한다고 해서 진정한 왕이라 할 수는 없습니다. 예수는 그 사실을 잘 알고 있었습니다. ... 예수의 말은 엉겅퀴와 가시덤불 사이로 처참히 던져져 흉악한 살인자들의 발에 짓밟힐 것입니다. 그러나 그 씨앗이 초봄에 싹을 틔우고 비바람을 견디고 자라나 마침내 가지가 땅을 덮을 정도로 큰 나무가 될 것입니다. 그러면 그의 백성들은 나무 주위에 둘러앉아 스스로 씨앗이 되어 뿌려진 자를 기억할 것입니다.

— 조반니 파피니

▥ 나의 묵상

✤ 나의 기도

⛪ 성서정과

행 4:13~21 / 시 118:1~4, 14~21 / 막 16:9~15

그들은 다른 제자들에게 되돌아가서 알렸으나, 제자들은 그들의 말도 믿지 않았다. 그 뒤에 열한 제자가 음식을 먹을 때에, 예수께서는 그들에게 나타나셔서, 그들이 믿음이 없고 마음이 무딘 것을 꾸짖으셨다. 그들이, 자기가 살아난 것을 본 사람들의 말을 믿지 않았기 때문이다. 또 예수께서 그들에게 말씀하셨다. "너희는 온 세상에 나가서, 만민에게 복음을 전파하여라." (마가복음 16:13-15)

╫ 묵상

그리스도인으로서 이웃과 더불어 사는 길은 이웃을 형제로 얻는 것, 다시 말해 이웃이 회심하여 예수 그리스도와 관계를 맺도록 인도하는 것입니다. 이 길은 나의 "죽음"을 수반합니다. 덕과 선물들을 완강하게 붙들고 있는 나, 이웃의 영적 상태에 대해 왈가왈부할 수 있는 권리를 지녔다고 간주하는 나가 죽어야만 합니다. 내가 얼마나 실패하는지, 내가 얼마나 연약한지를 철저하게 깨달을 때만 '나'는 이웃에게 복음을 전할 수 있습니다. 이렇게, 특정한 방식으로 나와 이웃의 관계가 설정될 때 이웃은 주님과 만날 수 있게 됩니다.

— 로완 윌리엄스

✞ 나의 묵상

✢ 나의 기도

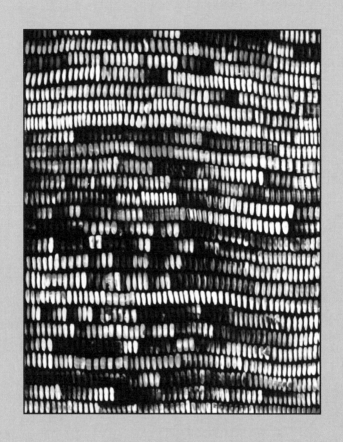

예수의 말은 엉겅퀴와 가시덤불 사이로 처참히 던져져
흉악한 살인자들의 발에 짓밟힐 것입니다.
그러나 그 씨앗이 초봄에 싹을 틔우고 비바람을 견디고 자라나
마침내 가지가 땅을 덮을 정도로 큰 나무가 될 것입니다. 그러면 그의 백성들은
나무 주위에 둘러앉아 스스로 씨앗이 되어 뿌려진 자를 기억할 것입니다.

부활절
제2주

✠ 성서정과

행 2:14상, 22~32	행 4:32~35	행 5:27~32
시 16	시 133	시 118:14~29 (시 150)
벧전 1:3~9	요일 1:1~2:2	계 1:4~8
요 20:19~31	요 20:19~31	요 20:19~31

많은 신도가 다 한 마음과 한 뜻이 되어서, 아무도 자기 소유를 자기 것이라고 하지 않고, 모든 것을 공동으로 사용하였다. 사도들은 큰 능력으로 주 예수의 부활을 증언하였고, 사람들은 모두 큰 은혜를 받았다. 그들 가운데는 가난한 사람이 한 사람도 없었다. 땅이나 집을 가진 사람들은 그것을 팔아서, 그 판 돈을 가져다가 사도들의 발 앞에 놓았고, 사도들은 각 사람에게 필요에 따라 나누어주었다. (사도행전 4:32~35)

✠ 묵상

우리는 쉬지 않고 우리 인간의 죄, 우리의 문제, 우리의 질문, 우리의 느낌에 관해 쉼 없이 이야기합니다. 지치지도 않고 우리의 약점, 우리의 거짓을 되풀이해 말하고 그 증거들을 모아 일련의 목록을 만듭니다. 사람들을 향해 거기서 나와 이제부터라도 바르게 살고, 바르게 생각하고, 바르게 느껴야 한다고 다그칩니다. 우리는 그리스도교 신앙을 일종의 성취로, 목표로, 신실함을 달성하는 일로 말합니다. 우리를 창조하신 분, 우리를 구원하신 분과 잘 지내보려 애쓰는 죄인의 분

투를 신앙으로 여깁니다. 자기 계발이 중요한 세상, 성취를 지향하는 사회 속에서 살아가는 우리에게 이는 꽤 합당한 이야기처럼 들립니다. 하지만 그런 이야기를 '기쁜 소식'이라고 할 수 있을까요?

복음, '기쁜 소식'은 우리가 그분과 잘 지내려 애쓸 필요가 없다는 소식입니다. 복음은 우리가 주님과 이미 화목하게 되었다고 이야기합니다. 우리는 그분의 선한 은총에 가까워지려 애써야 하는 비참하고 가련한 이들이 아니라, 그분의 은총으로 이미 왕좌에 오른 왕족입니다.

— 윌리엄 윌리몬

✠ 나의 묵상

✠ 나의 기도

🕮 성서정과

행 4:23~31 / 시 2:1~8 / 요 3:1~8

바리새파 사람 가운데 니고데모라는 사람이 있었다. 그는 유대 사람의 한 지도자였다. 이 사람이 밤에 예수께 와서 말하였다. "랍비님, 우리는, 선생님이 주님께로부터 오신 분임을 압니다. 주님께서 함께 하지 않으시면, 선생님께서 행하시는 그런 표징들을, 아무도 행할 수 없습니다." 예수께서 그에게 말씀하셨다. "내가 진정으로 진정으로 너에게 말한다. 누구든지 다시 나지 않으면, 하늘 나라를 볼 수 없다." (요한복음 3:1~3)

╫ 묵상

복음은 좋고 새로울 뿐 아니라 심각하게 받아들여야 할 '거룩한 공포'입니다. 예수는 문제아가 한 인간으로 변화되는 과정이 주일학교 소풍 같다고 말씀하신 적이 없습니다. 오히려 그 반대입니다. 출산은 이따금 고통 없이 끝날 수도 있지만, 거듭남은 결코 그럴 수 없습니다. 우리가 문제아인 이유는 우리가 목숨을 걸고 우리의 문제에 들어붙어 있기 때문입니다.

— 프레데릭 비크너

✝ 나의 묵상

✠ 나의 기도

🕮 성서정과

행 4:32~37 / 시 93 / 요 3:7~15

주님이 다스리신다. 위엄을 갖추시고 능력의 허리 띠를 띠시며 다스리신다. 그러므로 세계도 굳건히 서서, 흔들리지 아니한다. 주님, 주님의 왕위는 예로부터 견고히 서 있었으며, 주님은 영원 전부터 계십니다. ... 큰 물 소리보다 더 크고 미친 듯이 날뛰는 물결보다 더 엄위하신 주님, 높이 계신 주님은 더욱 엄위하십니다. 주님의 증거는 견고하게 서 있으며, 주님의 집은 영원히 거룩함으로 단장하고 있습니다. (시편 93:1~2, 4~5)

╫ 묵상

사랑하는 예수여, 우리의 삶이 기도로 이루어져있음을 발견할 수 있도록 도와주소서. 그리하여 우리 한 사람 한 사람이 당신의 나라에서 울려 퍼지는, 영광스러우면서도 기쁨 가득한 하나의 기도가 될 수 있게 하소서. 이러한 기도에 안식할 수 있도록 도우시고 당신의 백성이 된 것에 만족하게 하소서. 아멘.

— 스탠리 하우어워스

✠ 나의 묵상

✠ 나의 기도

🕎 성서정과

행 5:17~26 / 시 34:1~8 / 요 3:16~21

"아버지께서 세상을 이처럼 사랑하셔서 외아들을 주셨으니, 이는 그를 믿는 사람마다 멸망하지 않고 영생을 얻게 하려는 것이다. 주님께서 아들을 세상에 보내신 것은, 세상을 심판하시려는 것이 아니라, 아들을 통하여 세상을 구원하시려는 것이다. 아들을 믿는 사람은 심판을 받지 않는다. 그러나 믿지 않는 사람은 이미 심판을 받았다. ... 진리를 행하는 사람은 빛으로 나아온다. 그것은 자기의 행위가 주님 안에서 이루어졌음을 드러내려는 것이다." (요한복음 3:16-18, 21)

╫ 묵상

주 우리 아버지, 당신은 어둠 없는 빛이십니다. 그런 당신이 이제 더는 꺼지지 않는 빛, 모든 어둠을 영원히 몰아낼 빛을 우리에게 밝히셨습니다. 당신은 차가움 없는 사랑이십니다. 그런 당신이 이제 우리를 사랑하시고 해방하셔서 당신과 우리, 그리고 우리가 서로 사랑하게 하셨습니다. 당신은 죽음을 이기시는 생명이십니다. 그런 당신은 이제 그 영원한 생명을 향한 통로를 우리에게도 열어주셨습니다. 우리를 깨우셔서 우리가 작은 기쁨과 감사를 누리게 하소서.

― 칼 바르트

♆ 나의 묵상

✠ 나의 기도

🕮 성서정과

행 5:27~33 / 시 34:1, 15~22 / 요 3:31~36

"우리가 그대들에게 그 이름으로 가르치지 말라고 엄중히 명령하였소. 그
런데도 그대들은 그대들의 가르침을 온 예루살렘에 퍼뜨렸소. 그대들은
그 사람의 피에 대한 책임을 우리에게 씌우려 하고 있소." 베드로와 사도
들이 대답하였다. "사람에게 복종하는 것보다, 주님께 복종하는 것이 마
땅합니다. 우리 조상들의 주님은 여러분이 나무에 달아 죽인 예수를 살리
셨습니다. … 우리는 이 모든 일의 증인이며, 주님께서 자기에게 복종하
는 사람들에게 주신 성령도 그러하십니다."(사도행전 5:28-30, 32)

╫ 묵상

듣고 그리스도에게 순종하라! 이것이 주님을 향한 가장 위대한 섬김
입니다. 그 밖에 다른 어떤 것도 중요하지 않습니다. 주님께서 갖고
계신 것이 우리가 할 수 있는 어떤 것보다 더 좋고 더 아름답기에 우
리는 다만 우리가 할 수 있는 것을 해야합니다. 이러한 마음 없이 예
배하려 한다면 그 예배가 아무리 아름답다 할지라도 주님께서는 "너
의 예배는 짜증이 날 뿐이다"라고 말씀하실 것입니다.

—마르틴 루터

✠ 나의 묵상

✠ 나의 기도

🕮 성서정과

행 5:34~42 / 시 27:1~6 / 요 6:1~15

예수께서는 "사람들을 앉게 하여라" 하고 말씀하셨다. 그 곳에는 풀이 많았다. 그래서 그들이 앉았는데, 남자의 수가 오천 명쯤 되었다. 예수께서 빵을 들어서 감사를 드리신 다음에, 앉은 사람들에게 나누어주시고, 물고 기도 그와 같이 해서, 그들이 원하는 대로 주셨다. 그들이 배불리 먹은 뒤에, 예수께서 제자들에게 이렇게 말씀하셨다. "남은 부스러기를 다 모으고, 조금도 버리지 말아라." 그래서 보리빵 다섯 덩이에서, 먹고 남은 부스러기를 모으니, 열두 광주리에 가득 찼다. (요한복음 6:10-13)

╫ 묵상

하루가 지나가고 한 해가 사라지건만, 우리는 기적들 사이를 장님처럼 걸어갑니다. 우리의 눈을 볼 것들로 채워주시고, 우리의 마음을 알 것들로 채워주소서. 우리와 함께 하셔서 마치 번갯불처럼 우리가 걸어가는 어둠을 비추어주소서. 우리가 어디를 바라보든, 떨기에 불이 붙었지만 불에 타서 없어지지 않는 것을 볼 수 있게 도우소서. 당신께서 빚으신 흙덩이인 우리들이 거룩함에 닿게 하시고, 놀라움 가운데 "이 얼마나 경외로 가득한 곳인가" 라고 외치게 하소서.

— 마커스 보그

⛪ 나의 묵상

✥ 나의 기도

🕮 성서정과

행 6:1~7 / 시 33:1~5, 18~19 / 요 6:16~21

날이 저물었을 때에, 예수의 제자들은 바다로 내려가서, 배를 타고, 바다 건너편 가버나움으로 갔다. 이미 어두워졌는데도, 예수께서는 아직 그들이 있는 곳으로 오시지 않았다. 그런데 큰 바람이 불고, 물결이 사나워졌다. 제자들이 배를 저어서, 십여 리쯤 갔을 때였다. 그들은, 예수께서 바다 위로 걸어서 배에 가까이 오시는 것을 보고, 무서워하였다. 예수께서 그들에게 말씀하셨다. "나다. 두려워하지 말아라." 그래서 그들은 기꺼이 예수를 배 안으로 모셔들였다. (요한복음 6:16~21)

⊹⊹ 묵상

우리의 모든 가능성 우리의 모든 두려움 우리의 모든 희망을 넘어 당신을 찬미합니다. 우리의 구원자이신 주님, 우리를 죽음에서 건지시고 우리의 상처를 치유해주시며 파괴를 일삼는 우리에게 평화를 가져다주시는 당신을 찬미합니다. 우리보다 큰 당신을, 우리의 전통보다 큰 당신을, 우리의 신학보다 큰 당신을, 우리의 이해를 넘어선 당신을 당신께서 주신 자유와 용기에서 나오는 말들로 선하신 당신께 우리의 모든 삶과 사랑을 바칠 때까지 당신을 찬미합니다. 아멘.

— 월터 브루그만

☰ 나의 묵상

✤ 나의 기도

우리의 모든 가능성, 우리의 모든 두려움,
우리의 모든 희망을 넘어 당신을 찬미합니다.
우리의 구원자이신 주님, 우리를 죽음에서 건지시고 우리의 상처를 치유해주시며
파괴를 일삼는 우리에게 평화를 가져다주시는 당신을 찬미합니다.

부활절
제3주

🕮 성서정과

행 2:14상, 36~41	행 3:12~20	행 9:1~6(7~20)
시 116:1~4, 12~19	시 4	시 30
벧전 1:17~23	요 13:1~7	계 5:11~14
눅 24:13~35	눅 24:36~48	요 21:1~19

아버지께서 우리에게 얼마나 큰 사랑을 베푸셨는지를 생각해 보십시오. 주님께서 우리를 자기의 자녀라 일컬어 주셨으니 우리는 주님의 자녀입니다. 세상이 우리를 알지 못하는 까닭은 주님을 알지 못하기 때문입니다. 사랑하는 여러분, 이제 우리는 주님의 자녀입니다. 앞으로 우리가 어떻게 될지는 아직 밝혀지지 않았습니다만, 그리스도께서 나타나시면, 우리도 그와 같이 될 것임을 압니다. 그 때에 우리가 그를 참모습대로 뵙게 될 것이기 때문입니다. 그에게 이런 소망을 두는 사람은 누구나, 그가 깨끗하신 것과 같이 자기를 깨끗하게 합니다. 죄를 짓는 사람마다 불법을 행하는 사람입니다. 죄는 곧 불법입니다. 여러분이 아는 대로, 그리스도께서는 죄를 없애려고 나타나셨습니다. 그리스도는 죄가 없는 분이십니다. 그러므로 그리스도 안에 머물러 있는 사람마다 죄를 짓지 않습니다. 죄를 짓는 사람마다 그를 보지도 못한 사람이고, 알지도 못한 사람입니다. 자녀 된 이 여러분, 아무에게도 미혹을 당하지 마십시오. 의를 행하는 사람은 주님이 의로우신 것과 같이 의롭습니다. (요한1서 3:1~7)

∰ 묵상

나의 아버지,

당신의 뜻대로 저를 사용하소서.

나를 위해서 일하게 하지 마시고,

오직 당신을 위해 일할 수 있도록 도와주소서.

우리는 당신의 어린 자녀,

당신의 상속자입니다.

그러나 우리 안에는 비천함이 자라고 있습니다.

우리가 당신의 말씀이 되게 하시고,

당신의 일부가 되게 하시고,

당신의 뜻이 되게 하소서.

아버지, 사랑 가운데 우리가 당신의 자녀가 되게 하시고,

모든 순간, 모든 곳에서 당신의 도구가 되게 하소서.

— 조지 맥도널드

羔 나의 묵상

✥ 나의 기도

🕮 성서정과

행 6:8~15 / 시 119:17~24 / 요 6:22~29

주님의 종을 너그럽게 대해 주십시오. 그래야 내가 활력이 넘치게 살며, 주님의 말씀을 지킬 수 있습니다. 내 눈을 열어 주십시오. 그래야 내가 주님의 법 안에 있는 놀라운 진리를 볼 것입니다. 나는 땅 위를 잠시 동안 떠도는 나그네입니다. 주님의 계명을 나에게서 감추지 마십시오. … 주님의 종은 오직 주님의 율례를 묵상하겠습니다. 주님의 증거가 나에게 기쁨을 주며, 주님의 교훈이 나의 스승이 됩니다. (시편 119:17~19, 23~24)

╫ 묵상

주님께 자신을 온전히 맡기는 것, 그것이야말로 주님께서 우리가 지니길 바라시는 기본 마음 자세입니다. 자신의 짐만큼 우리를 짓누르는 것이 없고, 주님 안에서 쉬는 것보다 좋은 일은 없습니다. 우리가 청해야 할 은혜는, 오늘 이 시간까지 이룩한 그 모든 것을 뒤에 놓아두고 떠나는, 살아계신 주님께 귀를 기울이면서 새로운 출발의 행위를 기뻐하는 짐 없는 나그네가 되는 은혜를 청하는 것입니다.

— 모리스 젱델

⚏ 나의 묵상

✦ 나의 기도

🕮 성서정과

행 7:51~8:1상 / 시 31:1~5, 16 / 요 6:30~35

예수께서 그들에게 대답하셨다. "… 하늘에서 참 빵을 너희에게 주시는 분은 내 아버지시다. 아버지의 빵은 하늘에서 내려와 세상에 생명을 주는 것이다." 그들은 예수께 말하였다. "주님, 그 빵을 언제나 우리에게 주십시오." 예수께서 그들에게 말씀하셨다. "내가 생명의 빵이다. 내게로 오는 사람은 결코 주리지 않을 것이요, 나를 믿는 사람은 다시는 목마르지 않을 것이다." (요한복음 6:32~35)

⧘ 묵상

식사 기도를 할 때마다, 우리는 예수가 우리가 주인이고 세상과 그에 속한 모든 것이 예수의 것이라 고백하며 이 세상은 그 어떤 독립적인 권세도 갖지 못한다고 고백합니다. 성찬을 기념하는 것은 그 상징적인 행동이 갖는 힘을 통해, 주님만이 참 주님이시고 예수는 아버지의 눈에 보이는 형상이시며 이 주님께서 오늘날에도 여전히 인간을 노예화하고 억압하려는 악의 힘을 물리쳤다는 강력한 메시지를 온 도시에, 모든 나라와 가정에, 우리의 일상에 메아리쳐 울려 보내는 것입니다.

—톰 라이트

✠ 나의 묵상

....

....

....

....

....

....

....

✠ 나의 기도

....

....

....

....

....

....

....

....

부활 후
제18일

수

🕮 성서정과

행 8:1하-8 / 시 66:1~6 / 요 6:35~40

그 날에 예루살렘 교회에 큰 박해가 일어났다. 그래서 사도들 이외에는
모두 유대 지방과 사마리아 지방으로 흩어졌다. 경건한 사람들이 스데반
을 장사하고, 그를 생각하여 몹시 통곡하였다. 그런데 사울은 교회를 없
애려고 날뛰었다. 그는 집집마다 찾아 들어가서, 남자나 여자나 가리지
않고 끌어내서, 감옥에 넘겼다. 그런데 흩어진 사람들은 두루 돌아다니면
서 말씀을 전하였다. 빌립은 사마리아 성에 내려가서, 사람들에게 그리스
도를 선포하였다. (사도행전 8:1~5)

⚞ 묵상

세례를 받았다는 것은 주님께서 벌이시는 전쟁에 참여하게 되었음을
뜻합니다. 이는 우리 삶을 지배하려는 세력에 맞서 그분이 선포하신
전쟁입니다. 그러므로 저는 당신이 어려움 없는 삶을 살기를 바라지
않습니다. 다만 당신이 직면하는 어려움이 그리스도의 몸을 이루는
한 지체가 된 일에 반드시 따라오는 어려움이기를 바랍니다.

— 스탠리 하우어워스

⚏ 나의 묵상

✠ 나의 기도

✠ 성서정과

행 8:26~40 / 시 66:7~8, 15~20 / 요 6:44~51

주님은 영원히, 능력으로 통치하는 분이시다. 두 눈으로 뭇 나라를 살피
시니, 반역하는 무리조차 그 앞에서 자만하지 못한다. 백성아, 우리의 주
님을 찬양하여라. 그분을 찬양하는 노랫소리, 크게 울려 퍼지게 하여라.
... 주님은 나에게 응답하여 주시고, 나의 기도 소리에 귀를 기울여 주셨
다. 내 기도를 물리치지 않으시고, 한결같은 사랑을 나에게서 거두지 않
으신 주님, 찬양받으십시오. (시편 66:7~8, 19~20)

✠ 묵상

혼자 있을 때나 산책할 때, 눈을 들어 세상을 향한 주님의 뜻을 묵상
해보십시오. 하늘과 땅 위와 땅 아래 있는 만물이 어떻게 그분의 뜻을
드러내는지 보십시오. 온전히 거룩하시고 의로우시며 아름다우신 그
분의 뜻을 지극한 겸손으로 받아들이고 찬미하며 찬양하십시오. 그
분의 다양한 위로뿐만 아니라 선 때문에 겪는 온갖 시련도 생각해 보
십시오. 좋든 나쁘든 자신에게 닥치는 모든 일, 죄를 제외하고 일어날
수 있는 모든 일에서 주님의 뜻을 찾으십시오. 그러고는 그 모든 뜻을
받아들이고 찬미하며 찬양하십시오.

— 프란치스코 살레시오

✠ 나의 묵상

_____

_____

_____

_____

_____

_____

_____

✠ 나의 기도

_____

_____

_____

_____

_____

_____

_____

_____

▥ 성서정과

> 행 9:1~20 / 시 117 / 요 6:52~59

사울은 여전히 주님의 제자들을 위협하면서, 살기를 띠고 있었다. ... 그
'도'를 믿는 사람은 남자나 여자나 가리지 않고, 닥치는 대로 묶어서, 예루
살렘으로 끌고 오려는 것이었다. 사울이 길을 가다가, 다마스쿠스 가까이
에 이르렀을 때에, 갑자기 하늘에서 환한 빛이 그를 둘러 비추었다. 그는
땅에 엎어졌다. 그리고 그는 "사울아, 사울아, 네가 왜 나를 핍박하느냐?"
하는 음성을 들었다. 그래서 그가 "주님, 누구십니까?" 하고 물으니, "나
는 네가 핍박하는 예수다." (사도행전 9:1~5)

▤ 묵상

주님은 가장 겸손한 이에게 자신을 가장 많이 나누어 주시며, 자신을
송두리째 주십니다. 주님께서 주시는 것은 자신의 존재입니다. 그분
의 존재는 그분의 친절이며, 그분의 친절은 그분의 사랑입니다. 우리
는 주님을 두려워해서는 안 됩니다. 그분을 두려워하는 이는 그분에
게서 달아나려 합니다. 그러한 두려움은 해로울 뿐입니다. 우리는 주
님을 사랑해야지 두려워해서는 안 됩니다. 그분은 자신의 전부를 가
지고 우리를 사랑하시기 때문입니다.

— 마이스터 에크하르트

🏛 나의 묵상

🕎 나의 기도

✝ 성서정과

행 9:31~42 / 시 116:11~16 / 요 6:60~69

나는 한 때, 몹시 두려워, "믿을 사람 아무도 없다" 하고 말하곤 하였습니다. 주님께서 나에게 베푸신 모든 은혜를, 내가 무엇으로 다 갚을 수 있겠습니까? 내가 구원의 잔을 들고, 주님의 이름을 부르겠습니다. 주님께 서원한 것은 모든 백성이 보는 앞에서 다 이루겠습니다. 성도들의 죽음조차도 주님께서는 소중히 여기신다. 주님, 진실로, 나는 주님의 종입니다. 나는 주님의 종, 주님의 여종의 아들입니다. 주님께서 나의 결박을 풀어 주셨습니다. (시편 116:11~16)

✝ 묵상

우리 한 사람 한 사람은 그리스도의 사랑이라는 선물과 은총을 받았습니다. 우리는 모든 사람이 이 '인격적 사랑'을 너무나도 필요로 하고 있음을 압니다. 우리 삶의 영역이 아무리 협소하고 제한적이라 할지라도 우리 한 사람 한 사람은 주님 나라의 작은 부분을 책임지고 있다는 것, 그리스도의 사랑이라는 선물을 통해서 책임지고 있음을 압니다. 우리는 이 책임을 받아들였습니까? 아니면 거부하였습니까? 이에 따라 우리는 심판 받게 될 것입니다.

— 알렉산더 슈메만

🎚 나의 묵상

✤ 나의 기도

우리 삶의 영역이 아무리 협소하고 제한적이라 할지라도
우리 한 사람 한 사람은 주님 나라의 작은 부분을 책임지고 있다는 것.
그리스도의 사랑이라는 선물을 통해서 책임지고 있음을 압니다.
우리는 이 책임을 받아들였습니까? 아니면 거부하였습니까?
이에 따라 우리는 심판 받게 될 것입니다.

부활절

제4주

🕮 성서정과

행 2:42~47	행 4:5~12	행 9:36~43
시 23	시 23	시 23
벧전 2:19~25	요1 3:16~24	계 7:9~17
요 10:1~10	요 10:11~18	요 10:22~30

이튿날 유대의 지도자들과 장로들과 율법학자들이 예루살렘에 모였는데, 대제사장 안나스를 비롯해서, 가야바와 요한과 알렉산더와 그 밖에 대제사장의 가문에 속한 사람들이 모두 참석하였다. 그들은 사도들을 가운데에 세워 놓고서 물었다. "그대들은 대체 무슨 권세와 누구의 이름으로 이런 일을 하였소?" 그 때에 베드로가 성령이 충만하여 그들에게 말하였다. "백성의 지도자들과 장로 여러분, 우리가 오늘 신문을 받는 것이, 병자에게 행한 착한 일과 또 그가 누구의 힘으로 낫게 되었느냐 하는 문제 때문이라면, 여러분 모두와 모든 이스라엘 백성은 이것을 알아야 합니다. 이 사람이 성한 몸으로 여러분 앞에 서게 된 것은, 여러분이 십자가에 못 박아 죽였으나 주님이 죽은 사람들 가운데서 살리신 나사렛 예수 그리스도의 이름을 힘입어서 된 것입니다. 이 예수는 '너희들 집 짓는 사람들에게는 버림받은 돌이지만, 집 모퉁이의 머릿돌이 되신 분'입니다. 이 예수 밖에는, 다른 아무에게도 구원은 없습니다. 사람들에게 주신 이름 가운데 우리가 의지하여 구원을 얻어야 할 이름은, 하늘 아래에 이 이름 밖에 다른 이름이 없습니다." (사도행전 4:5~12)

╪ 묵상

당신의 앎을 따라 살지 말고, 당신의 앎을 뛰어넘으십시오. 무지 속으로 뛰어드십시오. 무지야말로 올바른 앎입니다. 당신이 어디로 가는지를 모르는 것, 이것이야말로 당신이 어디로 가는지를 아는 것입니다. 주님에 관한 앎은 당신을 완전히 무지하게 만듭니다. 그러므로 아브라함은 어디로 가는지 알지 못한채 자신의 고향을 떠났습니다. 그는 주님의 앎을 믿고 자신의 앎을 버렸습니다. 그리하여 그는 올바른 길을 따라 올바르게 목적지에 도달했습니다. 보십시오, 이것이야말로 십자가의 길입니다. 당신은 그 길을 발견할 수 없습니다. 주님이 소경인 당신을 인도하셔야 합니다. 당신을 인도하는 이는 당신도, 어떤 인간도, 어떤 피조물도 아닙니다. 주님이 영과 말씀을 통해 친히 당신을 인도하실 것입니다. 당신의 업적, 당신이 생각한 고난, 당신의 선택, 당신의 생각과 욕망을 거슬러 당신에게 다가오시는 분이 당신을 인도하실 것입니다. 그분은 외치십니다. "나를 따르라."

—마르틴 루터

🏛 나의 묵상

✤ 나의 기도

🕮 성서정과

행 11:1~18 / 시 42:1~2, 43:1~4 / 요 10:1~10 (11~18)

나는 선한 목자이다. 선한 목자는 양들을 위하여 자기 목숨을 버린다. 삯꾼은 목자가 아니요, 양들도 자기의 것이 아니므로, 이리가 오는 것을 보면, 양들을 버리고 달아난다. 그러면 이리가 양들을 물어가고, 양떼를 흩어 버린다. 그는 삯꾼이어서, 양들을 생각하지 않기 때문이다. 나는 선한 목자이다. 나는 내 양들을 알고, 내 양들은 나를 안다. 그것은 마치, 아버지께서 나를 아시고, 내가 아버지를 아는 것과 같다. 나는 양들을 위하여 내 목숨을 버린다. (요한복음 10:11~15)

╫ 묵상

전능하신 주님, 당신만이 죄인들의 잘못된 의지와 집착을 끊으라고 명하실 수 있습니다. 당신께서 명하신 일을 사랑할 수 있도록 당신의 백성에게 허락하소서. 저희가 당신의 약속을 바라게 하소서. 복잡하게 변화하는 이 세상 가운데 우리의 마음이 흔들리지 않게 잡아주시어 참 기쁨을 찾게 하소서. 우리 주 예수 그리스도 이름으로 기도드립니다. 아멘.

— 에스더 드 왈

🏛 나의 묵상

_____

_____

_____

_____

_____

_____

_____

✤ 나의 기도

_____

_____

_____

_____

_____

_____

_____

_____

화

⛪ 성서정과

행 11:19~26 / 시 87 / 요 10:22~30

예루살렘은 성전 봉헌절이 되었는데, 때는 겨울이었다. 예수께서는 성전 경내에 있는 솔로몬 주랑을 거닐고 계셨다. 그 때에 유대 사람들은 예수를 둘러싸고 말하였다. "당신은 언제까지 우리의 마음을 졸이게 하시려니까? 당신이 그리스도이면 그렇다고 분명하게 말하여 주십시오." 예수께서 그들에게 대답하셨다. "내가 너희에게 이미 말하였는데도, 너희가 믿지 않는다. 내가 내 아버지의 이름으로 하는 그 일들이 곧 나를 증언해 준다. 그런데 너희가 믿지 않는 것은, 너희가 내 양이 아니기 때문이다.

(요한복음 10:22~26)

✥ 묵상

전능하시고 영원하신 주님, 삶의 시련에서 우리에게 힘을 주시는 분, 복음을 증언하면서 고통받고 있는 모든 이와 함께하소서. 당신의 자애가 증오와 교만을 이긴다는 희망의 소식을 저희가 굳건히 선포하게 하소서. 또한 모든 민족을 자유롭게 하시어 그들이 당신 생명의 말씀과 일치를 이루며 살게 하소서. 우리 주 예수 그리스도의 이름으로 기도합니다. 아멘.

— 그레고리 J. 폴런

Ⅲ 나의 묵상

✤ 나의 기도

🕮 성서정과

행 12:24~13:5 / 시 67 / 요 12:44~50

주님, 우리에게 은혜를 베풀어 주시고, 우리에게 복을 내려 주십시오. 주님의 얼굴을 환하게 우리에게 비추어 주시어서, 온 세상이 주님의 뜻을 알고 모든 민족이 주님의 구원을 알게 하여 주십시오. 주님, 민족들이 주님을 찬송하게 하시며 모든 민족들이 주님을 찬송하게 하십시오. 주님께서 온 백성을 공의로 심판하시며, 세상의 온 나라를 인도하시니, 온 나라가 기뻐하며, 큰소리로 외치면서 노래합니다. ... 땅 끝까지 온 누리는 주님을 경외하여라. (시편 67:1~4, 7)

╫ 묵상

신앙이란 아브라함의 여정처럼 신뢰의 바탕 위에서 우리를 불러주신 그 관계에 충실함을 추구하면서 여정을 떠나는 것입니다. 우리는 여정으로 초대받았고 그 여정 속에서 주님에 대한 우리의 관계를 신뢰하는 법을 배우고, 그 관계에 충실할 것을 배우고, 새로운 방식으로 삶을 바라보는 법을 배웁니다. 주님께서는 그 여정 가운데 당신과 함께하는 우리의 인생을 이전보다 훨씬 더 놀랍고 사랑의 시선으로 이해하도록 우리를 인도하십니다.

— 마커스 보그

▥ 나의 묵상

✥ 나의 기도

🕮 성서정과

행 13:13-25 / 시 89:1-2, 20-27 / 요 13:16-20

내 손이 그를 붙들어 주고, 내 팔이 그를 강하게 할 것이다. 원수들이 그를 이겨 내지 못하며, 악한 무리가 그를 괴롭히지 못할 것이다. 내가 오히려 그의 대적들을 그의 앞에서 격파하고, 그를 미워하는 자들을 쳐부수겠다. 나는 그를 사랑하고, 내 약속을 성실하게 지킬 것이며, 내가 그에게 승리를 안겨 주겠다. 그의 손은 바다를 치며 그의 오른손은 강을 정복하게 하겠다. 그는 나를 일컬어 '주님은 나의 아버지, 나의 구세주, 내 구원의 반석입니다' 하고 말할 것이다. (시편 89:20-26)

⁑ 묵상

예수 그리스도, 다윗의 후손, 거룩하신 아버지의 아들, 기름부음 받은 거룩하신 분이시여, 저희는 당신께서 모든 피조물과 당신을 신뢰하는 모든 백성의 주님이심을 믿습니다. 당신께서 아버지의 뜻을 이루고 부활의 신비를 완성하심으로써 아버지를 섬기셨듯이 우리도 믿음으로 충만하여 당신을 따르게 하소서. 그리하여 당신과 더불어, 언젠가는 당신께서 영원히 살아 계시고 다스리시는 왕국에서 영광에 이르게 하소서. 아멘.

— 그레고리 J. 폴런

✠ 나의 묵상

✠ 나의 기도

✝ 성서정과

행 13:26~33 / 시 2 / 요 14:1~6

"너희는 마음에 근심하지 말아라. 주님을 믿고 또 나를 믿어라. ... 나는 너희가 있을 곳을 마련하러 간다. 내가 가서 너희가 있을 곳을 마련하면, 다시 와서 너희를 나에게로 데려다가, 내가 있는 곳에 너희도 함께 있게 하겠다. 너희는 내가 어디로 가는지 그 길을 알고 있다." 도마가 예수께 말하였다. "주님, ... 어떻게 그 길을 알겠습니까?" 예수께서 그에게 말씀 하셨다. "나는 길이요, 진리요, 생명이다. 나를 거치지 않고서는, 아무도 아버지께로 갈 사람이 없다." (요한복음 14:1~6)

✝ 묵상

주님, 당신께서는 우리에게 찾아오십니다. 우리는 당신의 빛을 따라 정의로운 길을 걸으며 이 세상의 어두운 밤길에 우리 몸을 맡기지 않 습니다. 길이요 진리며 빛이신 주님께서 우리의 길을 비추십니다. 어 디든지, 언제든지, 어떻게든지, 당신의 영광이 가장 환하게 빛나는 그곳에 우리가 있게 하소서. 당신의 달콤한 자비와 사랑을 우리에게 감추지 마시고 언제나 한결같이 당신을 신뢰하도록 가르쳐 주소서. 주님, 당신의 사랑과 자비로 당신께 나아갑니다.

— 요안나 프란치스카 드 샹탈

✠ 나의 묵상

✠ 나의 기도

🕮 성서정과

행 13:44~52 / 시 98:1~5 / 요 14:7~14

새 노래로 주님께 찬송하여라. 주님은 기적을 일으키는 분이시다. 그 오른손과 그 거룩하신 팔로 구원을 베푸셨다. 주님께서 베푸신 구원을 알려 주시고, 주님께서 의로우심을 뭇 나라가 보는 앞에서 드러내어 보이셨다. ... 온 땅아, 소리 높여 즐거이 주님을 찬양하여라. 함성을 터뜨리며, 즐거운 노래로 찬양하여라. 수금을 뜯으며, 주님을 찬양하여라. 수금과 아우르는 악기들을 타면서, 찬양하여라. (시편 98:1~5)

┼┼ 묵상

주님, 우리는 아무것도 볼 수 없지만, 믿음의 눈은 당신을 봅니다. 우리의 형제, 우리와 동일한 본성을 가지시고 우리의 삶 한복판에 계시는 당신입니다. 우리의 귀는 아무것도 듣지 못하지만, 믿음의 귀에 들려오는 노래가 있습니다. 친히 대제사장이 되신 당신이 온 인류를 대표하여 영원하신 아버지께 끊임없이 부르시는 기쁨의 노래, 신성으로 가득 채운 심장, 변화된 심장으로 부르시는 노래입니다. 당신은 우리의 시작이며 결말, 우리의 목표이며 마지막, 당신이 우리와 더불어 살기 원하시니, 우리는 당신을 경배합니다. 당신을 찬양합니다.

—칼 라너

☰ 나의 묵상

✦ 나의 기도

당신은 우리의 시작이며 결말, 우리의 목표이며 마지막,
당신이 우리와 더불어 살기 원하시니,
우리는 당신을 경배합니다.
당신을 찬양합니다.

부활절
제5주

🕮 성서정과

행 7:55~60	행 8:26~40	행 11:1~18
시 31:1~5,15~16	시 22:25~31	시 148
벧전 2:2~10	요일 4:7~21	계 21:1~6
요 14:1~14	요 1~8	요 13:31~35

사랑하는 여러분, 서로 사랑합시다. 사랑은 주님에게서 난 것입니다. 사랑하는 사람은 다 주님에게서 났고, 주님을 압니다. 사랑하지 않는 사람은 주님을 알지 못합니다. 주님은 사랑이시기 때문입니다. 주님의 사랑이 우리에게 이렇게 드러났으니, 곧 주님이 자기 외아들을 세상에 보내주셔서 우리로 하여금 그로 말미암아 살게 해주신 것입니다. 사랑은 이 사실에 있으니, 곧 우리가 주님을 사랑한 것이 아니라, 주님이 우리를 사랑하셔서, 자기 아들을 보내어 우리의 죄를 위하여 화목제물이 되게 하신 것입니다. 사랑하는 여러분, 주님께서 이렇게까지 우리를 사랑하셨으니, 우리도 서로 사랑해야 합니다. 지금까지 주님을 본 사람은 없습니다. 그러나 우리가 서로 사랑하면, 주님이 우리 가운데 계시고, 또 주님의 사랑이 우리 가운데서 완성된 것입니다. 주님이 우리에게 자기 영을 나누어 주셨습니다. 이것으로 우리가 주님 안에 있고, 또 주님이 우리 안에 계시다는 것을 우리는 압니다. ... 사랑에는 두려움이 없습니다. 완전한 사랑은 두려움을 내쫓습니다. 두려움은 징벌과 관련이 있습니다. 두려워하는 사람은 아직 사랑을 완성하지 못한 사람입니다. 우리가 사랑하는 것은 주님이

우리를 먼저 사랑하셨기 때문입니다. 누가 주님을 사랑한다고 하면서, 자기 형제자매를 미워하면, 그는 거짓말쟁이입니다. 보이는 자기 형제자매를 사랑하지 않는 사람이 보이지 않는 주님을 사랑할 수 없습니다. 주님을 사랑하는 사람은 자기 형제자매도 사랑해야 합니다. 우리는 이 계명을 주님에게서 받았습니다. (요일 4:7-13, 18-21)

⧉ 묵상

예수는 인간의 삶으로 기록된 거룩하신 아버지의 말씀이자 의미입니다. 그분은 그리스도를 통해 우리 삶에 배경과 맥락을 주시고, 우리는 이 배경과 맥락을 바탕으로 삶에 자리한 깊은 신비를 알아차립니다. 현대 문화라는 배경과 맥락에서 버스 옆자리에 앉아 있는 사람은 이름 없는 타인에 불과합니다. 그러나 주님의 이야기라는 배경과 맥락을 놓고 보면 그 사람은 우리처럼 그리스도께서 대신해 죽으신 형제자매, 불멸의 운명을 지닌 사람입니다. 이렇게 우리의 앎은 성장합니다 우리가 삶에서 만나는 모든 사람은 주님께서 계획하시고 이루시는 구원 활동이라는 영원한 드라마에서 일정한 역할을 맡고 있으며 그렇기에 모든 관계는 헤아릴 수 없을 만큼 중요한 가치를 지니고 있습니다. 모든 이의 삶에는 숨겨진 신비의 차원이 있으며, 주님의 말씀과 활동이라는 빛을 통해 우리는 이를 엿볼 수 있습니다.

— 마크 매킨토시

✠ 나의 묵상

✠ 나의 기도

⬚ 성서정과

행 14:5~18 / 시 118:1~3, 14~15 / 요 14:21~26

주님께 감사하여라. 그는 선하시며, 그의 인자하심이 영원하다. 이스라엘
아, "그의 인자하심이 영원하다" 하여라. 주님은 나의 능력, 나의 노래, 나
를 구원하여 주시는 분이시다. 의인의 장막에서 환호하는 소리, 승리의
함성이 들린다. "주님의 오른손이 힘차시다. (시편 118:1~3, 14~15)

⬚ 묵상

진정한 신앙의 승리는 이 땅에서의 일탈이 아니라 이 땅으로 돌아오
는 것이며, 사랑을 표현하기 위한 수단으로 이 땅의 조건을 기꺼이 활
용하는 것입니다. 그리스도의 신성함에는 교만이 없습니다. 빈민가
의 집, 길거리, 병원에도 그리스도의 신성함이 있습니다. 그리스도의
선물은 가장 하찮은 삶의 세계에 나누어진다는 데 그 신비로움이 있
습니다. 적은 물, 작은 빵조각, 한 잔의 포도주면 두 세계의 간격을 좁
힐 수 있고, 영혼과 감각을 다하여 영원히 자비로운 분께 떨리는 마음
으로 다가갈 수 있습니다. 모든 그리스도인은 끝없이 이어지는 회심
과 성찬의 사슬에서 하나의 고리에 해당합니다. 이 사슬을 통해 주님
의 사랑이 이 땅에 전해집니다.

— 이블린 언더힐

⛪ 나의 묵상

_____

_____

_____

_____

_____

_____

_____

✠ 나의 기도

_____

_____

_____

_____

_____

_____

_____

_____

_____

🕮 성서정과

행 14:19~28 / 시 145:10-21 / 요 14:27~31

내가 너희에게 주는 평화는 세상이 주는 것과 같지 않다. 너희는 마음에 근심하지 말고, 두려워하지도 말아라. 너희는 내가 갔다가 너희에게로 다시 온다고 한 내 말을 들었다. 너희가 나를 사랑한다면, 내가 아버지께로 가는 것을 기뻐했을 것이다. 내 아버지는 나보다 크신 분이기 때문이다. 지금 나는 그 일이 일어나기 전에 미리 너희에게 말하였다. 이것은 그 일이 일어날 때에 너희로 하여금 믿게 하려는 것이다. (요한복음 14:27~29)

╫ 묵상

주님, 당신을 볼 수 있는 순수한 마음과 당신의 말씀을 들을 수 있는 겸손한 마음과 당신을 섬기는 사랑의 마음과 당신 안에 머무를 수 있는 믿음의 마음을 주소서. 당신께서 모든 이를 사랑하신 것처럼 다른 이들의 무한한 가능성을 위해 모든 생명과 인간을 사랑하게 하소서. 당신처럼 기다리며 판단하게 하소서. 명령이 주어졌을 때 복종하며 결코 뒤를 돌아보지 않게 하소서 저를 당신의 도구로 사용하여 주소서. 모든 순간은 당신의 손길을 통해 의미를 지닙니다. 당신께서는 위대하시고 영광과 평화와 하늘의 상속자이십니다.

— 다그 함마르셸드

✠ 나의 묵상

✠ 나의 기도

✝ 성서정과

행 15:1~6 / 시 122:1~5 / 요 15:1~8

"나는 참 포도나무요, 내 아버지는 농부이시다. ... 가지가 포도나무에 붙
어 있지 아니하면 스스로 열매를 맺을 수 없는 것과 같이, 너희도 내 안에
머물러 있지 아니하면 열매를 맺을 수 없다. 나는 포도나무요, 너희는 가
지이다. 사람이 내 안에 머물러 있고, 내가 그 안에 머물러 있으면, 그는
많은 열매를 맺는다. 너희는 나를 떠나서는 아무것도 할 수 없다."

(요한복음 15:1, 4~5)

✝ 묵상

십자가는 저에게 영원한 구원입니다. 이 나무는 저의 양식이며 잔칫
상입니다. 이 나무의 뿌리 속에 저의 뿌리도 깊이 박혀 있습니다. 이
나무 가지 아래서 저는 성장하고 발전합니다. 이 나무가 바람에 살랑
거리는 것은 저에게 매우 큰 기쁨입니다. 저는 십자가에서 피는 꽃과
함께 저의 꽃을 피웁니다. 십자가에서 맺은 열매는 완벽한 기쁨을 줍
니다. 그 열매들은 태초부터 저를 위해 보존되어 온 것이었습니다. 지
금 저는 그 열매를 거저 먹습니다. 십자가는 음식입니다. 굶주린 저를
위한 음식, 저의 목마름을 적셔 줄 음료입니다.

— 요한 크리소스토무스

⚏ 나의 묵상

✤ 나의 기도

🕮 성서정과

행 15:7~21 / 시 96:1~3, 7~10 / 요 15:9~11

베드로가 일어나서 그들에게 말하였다. "형제 여러분, 여러분이 아시는 대로, 주님께서 일찍이 여러분 가운데서 나를 택하셔서, 이방 사람들도 내가 전하는 복음의 말씀을 듣고 믿게 하셨습니다. 그리고 사람의 마음 속을 아시는 주님께서는 우리에게 주신 것과 같이 그들에게도 성령을 주셔서, 그들을 인정해 주셨습니다. 주님께서는 그들의 믿음을 보셔서, 그들의 마음을 깨끗하게 하시고, 우리와 그들 사이에, 아무런 차별을 두지 않으셨습니다. 그런데 지금 여러분은 왜 우리 조상들이나 우리가 다 감당할 수 없던 멍에를 제자들의 목에 메워서, 주님을 시험하는 것입니까?"

(사도행전 15:7~10)

╫ 묵상

교회의 거룩성은 언제나 죄 용서에 달려 있습니다. 그러므로 교회라는 간판이 붙어 있어도 죄 용서가 없는 곳이라면, 그곳은 언제나 '교회 밖'입니다. 즉 죄 용서 대신 차별과 혐오를 일삼고 있다면, 그곳은 교회가 아닙니다. 누구나 품어 주고 용서하는 그리스도의 환대가 있는 곳만이 거룩한 교회입니다. 교회는 누구에게나 열려 있습니다.

— 마르틴 루터

⚶ 나의 묵상

....

....

....

....

....

....

....

✥ 나의 기도

....

....

....

....

....

....

....

....

🕮 성서정과

행 15:22~31 / 시 57:8~11 / 요 15:12~17

내 영혼아, 깨어나라. 거문고야, 수금아, 깨어나라. 내가 새벽을 깨우련다. 주님, 내가 만민 가운데서 주님께 감사를 드리며, 뭇 나라 가운데서 노래를 불러, 주님을 찬양하렵니다. 주님의 한결같은 그 사랑, 너무 높아서 하늘에 이르고, 주님의 진실하심, 구름에까지 닿습니다. 주님, 주님은 하늘 높이 높임을 받으시고, 주님의 영광 온 땅 위에 떨치십시오.

(시편 57:8~11)

✠ 묵상

주님, 당신의 은총을 허락하셔서서 마땅히 알아야 할 것을 알게 하시고, 진실로 사랑해야 할 것을 사랑하게 하시며 당신께서 기뻐하시는 찬양을 노래하게 하시고 당신께서 귀하게 여기시는 것을 구하게 하소서. 당신께서 싫어하시는 것을 멀리하게 하시고 우리의 헛된 기준으로 판단하지 않도록 우리를 도우소서. 당신께서 주시는 은총으로 올바르게 분별하고 판단하며 언제나 당신의 뜻과 기쁨을 찾게 하소서.

— 토마스 아 켐피스

✠ 나의 묵상

✦ 나의 기도

⛪ 성서정과

행 16:1~10 / 시 100 / 요 15:18~21

온 땅아, 주님께 환호성을 올려라. 기쁨으로 주님을 섬기고, 환호성을 올리면서, 그 앞으로 나아가거라. ... 그가 우리를 지으셨으니, 우리는 그의 것이요, 그의 백성이요, 그가 기르시는 양이다. 감사의 노래를 드리며, 그 성문으로 들어가거라. 찬양의 노래를 부르며, 그 뜰 안으로 들어가거라. 감사의 노래를 드리며, 그 이름을 찬양하여라. 주님은 선하시며, 그의 인자하심 영원하다. 그의 성실하심 대대에 미친다. (시편 100편)

╬ 묵상

우리는 감사하기 위해 부름 받았으며 감사 가운데 마침내 인간으로서 창조주, 세상과의 진정한 관계 속으로 들어가게 됩니다. 우리는 감사하는 삶을 살기 위해 창조되었으며, '감사하는 삶' 가운데 우리는 진정한 왕 아래에서 참 자유를 얻은 신하로 살 뿐 아니라 그 어떤 권세에도 거리낌 없이 살게 됩니다. 우리가 따라야 할 권세는 오직 하나이며, 그 권세는 인간의 얼굴을, 과거 그 어느 때 가시관을 써야 했던 인간의 얼굴을 가졌습니다.

―톰 라이트

⚏ 나의 묵상

✠ 나의 기도

온 땅아, 주님께 환호성을 올려라. 기쁨으로 주님을 섬기고,
환호성을 올리면서, 그 앞으로 나아가거라.
그가 우리를 지으셨으니, 우리는 그의 것이요,
그의 백성이요, 그가 기르시는 양이다.
감사의 노래를 드리며, 그 성문으로 들어가거라.
찬양의 노래를 부르며, 그 뜰 안으로 들어가거라.

부활절
제6주

✠ 성서정과

행 17:22~31	행 10:44~48	행 16:9~15
시 66:8~20	시 98	시 67
벧전 3:13~22	요 15:1~6	계 21:10, 22~22:5
요 14:15~21	요 15:9~17	요 14:23~29(5:1~9)

예수가 그리스도이심을 믿는 사람은 다 주님에게서 태어났습니다. 낳아 주신 분을 사랑하는 사람은 다 그분이 낳으신 이도 사랑합니다. 우리가 주님을 사랑하고, 또 그 계명을 지키면, 이로써 우리가 주님의 자녀를 사랑한다는 것을 압니다. 주님을 사랑하는 것은 그 계명을 지키는 것입니다. 주님의 계명은 무거운 짐이 아닙니다. 주님에게서 태어난 사람은 다 세상을 이기기 때문입니다. 세상을 이긴 승리는 이것이니, 곧 우리의 믿음입니다. 세상을 이기는 사람은 누구입니까? 예수가 주님의 아들이심을 믿는 사람이 아니고 누구겠습니까? 그는 물과 피를 거쳐서 오신 분인데, 곧 예수 그리스도이십니다. 그는 다만 물로써 오신 것이 아니라 물과 피로써 오셨습니다. 성령은 증언하시는 분입니다. 성령은 곧 진리입니다.

(요한1서 5:1~6)

✠ 묵상

주님은 생명을 낳으시고, 생명을 자라게 하시며,
생명을 지탱해 주십니다.

그와 같은 관계를 맺음으로써

질서를 세우고 다스리십니다.

따라서 관계성이란 우리의 상상력 못지 않게 크고 넓습니다.

우리는 성경 본문에서 늘 신실하신 분의 관계성을

만납니다. 이러한 분을 낱낱이 파헤칠 수 있는

독법이나 해법 혹은 거창한 이론이나 무흠한 해설 따위는 없습니다.

외려 본문은 우리에게 쟁론이 난무하고 판단이 시급한

현장을 열어 줍니다.

이 열린 현장에서 야웨와 야웨의 타자들인 창조 세계,

이스라엘, 교회는 위험에 처하고 희생이 요구될지라도

자유를 짊어지고 신실함을 실천하라는 부르심 앞에 섭니다.

주님은 자신의 반려자가 자유로운 행동을 응답하기를 명하시고

그런 반려자를 기어이 찾아내십니다.

따라서 성경의 모든 전승은 위험을 무릅쓰는 주님의 자유를

성찰합니다. 그분으로 인해 자유를 누리는 타자를 상상해 보십시오.

참으로 정의와 평화가 서로 입맞추는 순간일 것입니다.

온 대지에 신실함이 가득한 그날이 올 때까지

이 입맞춤은 예상할 수 없고 가늠할 수 없는

새로운 희망으로 그득히 차올라 새로운 희망을

잉태할 것입니다.

— 월터 브루그만

Ⅲ 나의 묵상

✥ 나의 기도

✠ 성서정과

> 행 16:11~15 / 시 149:1~5 / 요 15:26~16:4

할렐루야. 새 노래로 주님께 노래하며, 성도의 회중 앞에서 찬양하여라. 이스라엘아, 창조주를 모시고 기뻐하여라. 시온의 주민아, 너희의 임금님을 모시고 큰소리로 즐거워하여라. 춤을 추면서 그 이름을 찬양하여라. 소구 치고 수금을 타면서 노래하여라. 주님께서 당신의 백성을 보시고 기뻐하신다. 눌림받는 약한 사람에게 승리의 영광을 안겨 주신다. 성도들아, 이 영광을 크게 기뻐하여라. 잠자리에 들어서도 기뻐하며 노래하여라. (시편 149:1~5)

✠ 묵상

주님, 우리가 당신께 가는 길이 안전하고, 올바르고, 아름답기를 기도합니다. 그 길의 끝에서 여정의 완성이신 당신을 뵙기 원합니다. 기쁨과 슬픔이 우리의 걸음을 막지 않게 하소서. 기쁠 때는 감사의 노래를 부르며 걸어가고 슬플 때는 천천히 인내하며 걷게 하소서. 기쁨에 취하지 않게 하시고 슬픔에 절망하지 않게 하소서.

— 토마스 아퀴나스

♒ 나의 묵상

✦ 나의 기도

🎺 성서정과

행 16:22~34 / 시 138 / 요 16:5~11

주님, 온 마음을 기울여서 주님께 감사를 드립니다. 신들 앞에서, 내가 주님께 찬양을 드리렵니다. 내가 주님의 성전을 바라보면서 경배하고, 주님의 인자하심과 주님의 진실하심을 생각하면서 주님의 이름에 감사를 드립니다. … 내가 부르짖었을 때에, 주님께서는 나에게 응답해 주셨고, 나에게 힘을 한껏 북돋우어 주셨습니다. … 주님의 영광이 참으로 크시므로, 주님께서 하신 일을 그들이 노래합니다. (시편 138:1~5)

╫ 묵상

거룩하신 주님은 모든 피조물과 접촉하거나 섞이지 않고, 그들 기쁨의 단계로 내려가지 않고도 당신의 비밀, 순결, 존재, 사랑을 그들과 나누십니다. 이를 두고 우리는 영광이라고 말합니다. 피조물로서 우리는 그분께 영광을 드립니다. 피조물에게 모든 것을 주시면서도 무한히 떨어져 계시는 주님, 그들과 관계를 갖지 않으면서도 그들의 아버지이신 주님, 그들은 주님과 관계가 있습니다. 그러나 그들 안에 계시는 주님께 그들은 가까이 가지 못합니다. 주님의 영광은 그들에게 모든 것을 주시고 알려지지 않은 채 그들 가운데 계십니다.

— 토머스 머튼

♰ 나의 묵상

✦ 나의 기도

✠ 성서정과

행 17:22~34 / 시 148:1~2, 11~14 / 요 16:12~15

"아직도, 내가 너희에게 할 말이 많으나, 너희가 지금은 감당하지 못한다. 그러나 그분 곧 진리의 영이 오시면, 그가 너희를 모든 진리 가운데로 인도하실 것이다. 그는 자기 마음대로 말씀하지 않으시고, 듣는 것만 일러 주실 것이요, 앞으로 올 일들을 너희에게 알려 주실 것이다. 또 그는 나를 영광되게 하실 것이다. 그가 나의 것을 받아서, 너희에게 알려 주실 것이기 때문이다. 아버지께서 가지신 것은 다 나의 것이다." (요한복음 16:12~15)

✠ 묵상

우리의 마음이 성령으로 말미암아 새롭게 될 때, 우리의 욕구는 소멸되는 것이 아니라 올바른 방향으로 향하게 됩니다. 그래서 교제를 향한 우리의 욕구는 영원한 삼위일체 주님과의 친교를 향해, 명예를 향한 욕구는 주님의 영광을 향해, 지식에 대한 탐구는 주님의 지혜를 향해, 음식을 향한 배고픔은 하늘로부터 온 참 양식이신 예수 그리스도를 향해 이끌립니다. 존재하는 모든 것은 인간을 위해 주님께서 주신 선물이며, 그 모든 것은 주님을 인간에게 알려주기 위해, 또한 주님과의 소통으로 나아가게 하기 위해 존재합니다.

— 피터 라잇하르트

⚎ 나의 묵상

✦ 나의 기도

🕮 성서정과

"[보아라,] 나는 내 아버지께서 약속하신 것을 너희에게 보낸다. 그러므로
너희는 위로부터 오는 능력을 입을 때까지, 이 성에 머물러 있어라." 그리
고 예수께서는 그들을 [밖으로] 베다니까지 데리고 가서, 손을 들어 그들
을 축복하셨다. 예수께서는 그들을 축복하시는 가운데, 그들에게서 떠나
하늘로 올라가셨다. 그들은 예수께 경배하고, 크게 기뻐하면서, 예루살렘
으로 돌아가서, 주님을 찬양하면서 날마다 성전에서 지냈다.

(누가복음 24:49~53)

╫ 묵상

당신을 기쁘게 하며 당신께 영광을 돌릴 단 한 가지 길을 우리는 알고
있습니다. 진실하게 당신의 영을 구하고, 진실하게 당신의 진리를 찾으
며, 진실하게 당신의 임재와 인도하심을 갈망하는 것입니다. 그러
나 이마저도 오직 당신만이 우리 안에서 이루실 수 있는 일임을 우리
는 알고 있습니다. 주여, 우리를 깨우셔서 우리가 깨어나게 하소서.

— 칼 바르트

🏛 나의 묵상

✠ 나의 기도

🕮 성서정과

행 18:9-18 / 시 47:1~6 / 요 16:23~28

만백성아, 손뼉을 쳐라. 주님께 기쁨의 함성을 외쳐라. 주님은 두려워할
지존자이시며, 온 땅을 다스리는 크고도 큰 왕이시다. 주님은 만백성을
우리에게 복종케 하시고, 뭇 나라를 우리 발 아래 무릎 꿇게 하신다. ...
나팔 소리 크게 울려 퍼진다. 주님이 보좌에 오르신다. 시로 주님을 찬양
하여라. 시로 찬양하여라. (시편 47:1~6)

╫ 묵상

우리가 범할 수 있는 모든 악보다 훨씬 더 큰 주님의 자비를 신뢰하십
시오. 우리가 우리 자신을 인정하고 주님과 다시 우애를 나누고 싶어
할 때, 그분께서는 우리의 배은망덕도, 우리에게 베푸신 은총들을 우
리가 남용한 것도 기억하지 않으십니다. 이런 죄들 때문에 우리를 벌
하실 수도 있습니다. 하지만 사실, 우리의 죄는 주님께서 우리를 더
빨리 용서해주시도록 도와줄 뿐입니다. 이제까지 당신의 집에서 살
아온 사람들, 당신의 빵을 먹은 이들을 용서해 주시듯 말입니다. 주님
께서는 주는 데 지칠 줄 모르시며, 그분의 자비도 결코 없어지지 않습
니다. 그러므로 주님의 자비를 받는 데 지치는 일이 없도록 합시다.

— 아빌라의 테레사

⛪ 나의 묵상

✤ 나의 기도

토

🕮 성서정과

행 18:22~28 / 시 47:1~2, 7~9 / 요 16:23~28

내가 진정으로 진정으로 너희에게 말한다. 너희가 아버지께 구하는 것은, 무엇이나 아버지께서 내 이름으로 주실 것이다. 지금까지는 너희가 아무것도 내 이름으로 구하지 않았다. 구하여라. 그러면 받을 것이다. 그래서 너희의 기쁨이 넘치게 될 것이다. (요한복음 16:23-24)

╫ 묵상

그리스도인으로서 먼저 우리는 삶을 사랑하는 길을 배우고 그 다음에는 우리 자신이 온전히 그 삶을 향해 죽는 법을 배웁니다. 신앙이란 우리가 우리의 참된 삶에서 멀리 떠나지 않게 해주는 연속적 운동입니다. 죽음이 기쁨 가운데 삶에 통합되면 우리는 이미 천국에 있는 것이며 지옥에 대한 공포에 잠길 필요가 없습니다. 복음은 다음 세상을 위한 보험이 아니라 이 세상을 위한 생명의 보증입니다.

— 리처드 로어

🏛 나의 묵상

✠ 나의 기도

생명의 빛이신 주님, 저를 그 좁은 길로 인도하소서.

한 걸음, 또 한 걸음, 늘 새로운 마음으로 끈기 있게 그 길을 갈 수 있도록 하소서

부활절
제7주

✠ 성서정과

예수께서 이 말씀을 마치시고, 눈을 들어 하늘을 우러러보시고 말씀하셨다. "아버지, 때가 왔습니다. 아버지의 아들을 영광되게 하셔서, 아들이 아버지께 영광을 돌리게 하여 주십시오. 아버지께서는 아들에게 모든 사람을 다스리는 권세를 주셨습니다. 그것은 아들로 하여금 아버지께서 그에게 주신 모든 사람에게 영생을 주게 하려는 것입니다. 영생은 오직 한 분이신 참 하나님을 알고, 또 아버지께서 보내신 예수 그리스도를 아는 것입니다. 나는 아버지께서 내게 하라고 맡기신 일을 완성하여, 땅에서 아버지께 영광을 돌렸습니다. 아버지, 창세 전에 내가 아버지와 함께 누리던 그 영광으로, 나를 아버지 앞에서 영광되게 하여 주십시오. 나는, 아버지께서 세상에서 택하셔서 내게 주신 사람들에게 아버지의 이름을 드러냈습니다. 그들은 본래 아버지의 사람들인데, 아버지께서 그들을 나에게 주셨습니다. 그들은 아버지의 말씀을 지켰습니다. 지금 그들은, 아버지께서 내게 주신 모든 것이, 아버지께로부터 온 것임을 알고 있습니다. 나는 아버지께서 내게 주신 말씀을 그들에게 주었습니다. 그들은 그 말씀을 받아들였으며, 내가 아버지께로부터 온 것을 참으로 알았고, 또 아버지께서 나를 보내신 것을 믿었습니다. 나는 그들을 위하여 빕니다. 나는 세상을 위하여 비는 것이 아니고, 아버지께서 내게 주신 사람들을 위하여 빕니다. 그들은 모두 아버지의 사람들입니다. 나의 것은 모두 아버지의 것이고, 아버지의 것은 모두 나의 것입니다. 나는 그들로 말미암아 영광을 받았습니다. 나는 이제 더 이상 세상에 있지 않으나, 그들은 세상에 있습니다. 나는 아버지께로 갑니다. 거룩하신 아버지, 아버지께서 내게 주신 아버지의 이름으로 그들을 지켜주셔서, 우리가 하나인 것 같이, 그들도 하나가 되게 하여 주십시오. (요한복음 17:1-11)

╫ 묵상

생명의 빛이신 주님, 저를 그 좁은 길로 인도하소서. 한 걸음, 또 한 걸음, 늘 새로운 마음으로 끈기 있게 그 길을 갈 수 있도록 하소서. 용기를 내어 직접 사람들을 만나고, 제가 가진 재능과 저 자신을 내줄 수 있는 힘, 이해할 수 없는 그 힘을 제게 주소서. 도무지 헤아릴 수 없는 진리, 그것은 저의 사랑을 받는 이들과 당신이 하나로 연합되는 것 바로 그 신비로운 연합 속에서 당신은 저와 마주하십니다.

당신은 인간의 온 생명을 받아 주시는 분, 동시에 인간을 향한 사랑이 되기를 그치지 않으시는 분입니다. 저를 당신의 길로 인도하소서. 당신은 이웃에게 가는 길 자체입니다. 아무것도 모르고 찾아간 형제입니다. 그리고 그 안에서 주님이십니다. 지금, 그리고 영원히, 아멘.

—칼 라너

⚖ 나의 묵상

✤ 나의 기도

🕮 성서정과

행 19:1~8 / 시 68:1~6 / 요 16:29~33

바울이 말하였다. "요한은 백성들에게 자기 뒤에 오시는 이 곧 예수를 믿으라고 말하면서, 회개의 세례를 주었습니다." 이 말을 듣고, 그들은 주 예수의 이름으로 세례를 받았다. 그리고 바울이 그들에게 손을 얹으니, 성령이 그들에게 내리셨다. 그래서 그들은 방언으로 말하고 예언을 했는데, 모두 열두 사람쯤 되었다. (사도행전 19:4~7)

╫ 묵상

당신은 누구입니까? 누가 그 말을 해 주었습니까? 부모, 자녀, 국가, 직업, 친구, 출신 학교, 당신 계좌에 있는 돈입니까? 그리스도인은 자신이 누구인지를 세례를 통해 처음으로, 또 최종적으로 배우는 사람들입니다. "거룩하신 주님이 보시기에, 나는 누구입니까?" 하고 그분께 절실히 물을 때 세례는 우리 머리 위에 떨어지는 물로, 머리와 목을 타고 흘러내리는 진득한 기름으로 다가와 이야기합니다. '주님의 이름 안에서, 당신은 왕족이며 그분의 소유입니다. 당신은 진지하고도 기쁨 넘치는 그분의 활동에 동참하기 위해 부름받았고 안수 받았습니다. 그러니, 이제 그렇게 살아가십시오.'

— 윌리엄 윌리몬

🏛 나의 묵상

✠ 나의 기도

🕮 성서정과

행 20:17~27 / 시 68:9-10, 19-21 / 요 17:1~11

날마다 우리의 주님을 찬송하여라. 주님께서 우리의 짐을 대신 짊어지신다. 주님은 우리의 구원이시다. 우리의 주님은 우리를 구원하시는 분이시다. 그분은 주 우리의 주님이시다. 우리를 죽음에서 구원하여 내시는 주님이시다. (시편 68:19-20)

╫ 묵상

구원과 저주는 동전의 앞뒷면과 같습니다. 구원과 저주는 모두 이미 일어난 일 자체를 바꾸지는 못합니다. 다만 구원은 믿음을 깊게 하고, 저주는 믿음의 밑바닥을 드러냅니다. 우리는 우리에게 왜 어떤 일들이 일어났는지 알지 못합니다. 또한 어떤 일들이 일어날지에 대해서도 알지 못합니다. 삶이란 이 '알 수 없음'에 대처하는 과정일지도 모르겠습니다. 어떤 이는 엄청난 행운 앞에서도 불만 가득한 표정을 짓습니다. 어떤 이는 생각지도 못한 재난 앞에서도 두 손 모아 감사와 축복의 기도를 드립니다. 믿음이 깊어지면 사랑이 피어납니다. 삶에 금이 간 모든 것들, 조금씩 부서져 내리는 삶의 조각들을 사랑하게 됩니다.

— 앤 라모트

✟ 나의 묵상

✟ 나의 기도

✠ 성서정과

행 20:28~38 / 시 68:28~29, 32~35 / 요 17:11~19

나는 이제 더 이상 세상에 있지 않으나, 그들은 세상에 있습니다. 나는 아버지께로 갑니다. 거룩하신 아버지, 아버지께서 내게 주신 아버지의 이름으로 그들을 지켜주셔서, 우리가 하나인 것 같이, 그들도 하나가 되게 하여 주십시오. ... 이제 나는 아버지께로 갑니다. 내가 세상에서 이것을 아뢰는 것은, 내 기쁨이 그들 속에 차고 넘치게 하려는 것입니다.

(요한복음 17:11~13)

✠ 묵상

우리의 영혼은, 덕과 악덕이 같이 뒤엉켜 뿌리를 내리고 있는 땅과 같습니다. ... 농부는 풍성한 열매를 얻기 위해 계속해서 다시 자라는 가시나무를 뽑아버리고, 돌을 고를 것입니다. 이렇듯 우리도 죄를 짓게 되면 몇 번이고, 또 똑같은 죄에 빠지더라도 계속해서 진정한 회개로 죄가 없어질 수 있도록 해야 합니다. 이렇게 하면서 한 걸음씩 나아가는 것이 바로 우리들의 투쟁이고, 그렇게 매번 다시 일어서며 주님께 조금씩 더 가까이 가는 것이 우리의 신앙 여정, 우리의 인생입니다.

— 소티리오스

♰ 나의 묵상

�֍ 나의 기도

🕎 성서정과

행 22:30, 23:6~11 / 시 16:1, 5~11 / 요 17:20~26

주님, 주님이야말로 내가 받을 유산의 몫입니다. 주님께서는 나에게 필요한 모든 복을 내려주십니다. 나의 미래는 주님이 책임지십니다. 줄로 재어서 나에게 주신 그 땅은 기름진 곳입니다. 참으로 나는, 빛나는 유산을 물려받았습니다. 주님께서 날마다 좋은 생각을 주시며, 밤마다 나의 마음에 교훈을 주시니, 내가 주님을 찬양합니다. 주님은 언제나 나와 함께 계시는 분, 그가 나의 오른쪽에 계시니, 나는 흔들리지 않습니다. 주님, 참 감사합니다. (시편 16:5~9)

🕎 묵상

진리는 믿을 뿐만 아니라 순종해야 할 무엇입니다. 특히 제자들은 복음의 진리를 행하거나 삶으로 실천해야 합니다. 여기서 말하는 행함이란 의미 없이 바쁘게 일하거나 도덕적인 삶을 추구하는 것이 아니며, 심지어는 사랑의 행위도 아닙니다. 행함이란 처음부터 끝까지 그리스도 안에 있는 바에 대해 응답하는 것, 곧 복음의 진리에 따라 사는 것의 문제입니다.

— 케빈 밴후저

✠ 나의 묵상

✠ 나의 기도

📖 성서정과

행 25:13~21 / 시 103:1~2, 11~12, 19~20 / 요 21:15~19

그들이 아침을 먹은 뒤에, 예수께서 시몬 베드로에게 물으셨다. "요한의 아들 시몬아, 네가 이 사람들보다 나를 더 사랑하느냐?" 베드로가 대답하였다. "주님, 그렇습니다. 내가 주님을 사랑하는 줄을 주님께서 아십니다." 예수께서 그에게 말씀하셨다. "내 어린 양 떼를 먹여라." ... 예수께서 이 말씀을 하시고 나서, 베드로에게 "나를 따라라!" 하고 말씀하셨다.

(요한복음 21:15, 18~19)

✣ 묵상

예수를 따르는 이들은 자신들의 권리를 포기할 뿐만 아니라 자신들의 의마저 포기하면서 살아갑니다. 무슨 행동을 하고 무슨 희생을 치르든, 그들은 아무런 명예도 얻지 못합니다. 그들은 오직 의에 대한 굶주림과 목마름 가운데서만 의를 지닙니다. 그들은 언제나 주님께서 이루시는 미래의 의를 바라봅니다. 그러나 이 의를 스스로 세울 수는 없습니다. 예수를 따르는 이들은 언제나 굶주리고 목마를 것입니다. 그들은 모든 죄인이 용서를 받고 완전히 새로워지기를 갈망하며, 땅이 새로워지고 주님의 완전한 의가 드러나기를 희망합니다.

― 디트리히 본회퍼

⚏ 나의 묵상

✦ 나의 기도

🕮 성서정과

행 28:16~20, 30~31 / 시 11:4~7 / 요 21:20~25

주님께서 그의 성전에 계신다. 주님은 그의 하늘 보좌에 앉아 계신다. 주님은 그의 눈으로 사람을 살피시고 눈동자로 꿰뚫어 보신다. 주님은 의인을 가려 내시고, 악인과 폭력배를 진심으로 미워하신다. 불과 유황을 악인들 위에 비오듯이 쏟으시며, 태우는 바람을 그들 잔의 몫으로 안겨 주신다. 주님은 의로우셔서, 정의로운 일을 사랑하는 분이시니, 정직한 사람은 그의 얼굴을 뵙게 될 것이다. (시편 11:4~7)

╫ 묵상

진리의 눈인 그리스도의 눈은 우리 마음을 응시합니다. 그리스도의 눈길이 가는 곳에는 평화가 있습니다. 진리인 그리스도의 얼굴에서 빛나는 광채는 비추는 곳마다 진리를 만들어 냅니다. 그분의 얼굴은 정의를 향합니다. 그리고 거기에는 기쁨도 있습니다. 그리스도께서는 사랑하는 이들에게 말씀하십니다. "내 눈을 너에게 두리라" 그리스도의 눈은 언제나 어디서나 우리를 보고 있습니다. 우리와 하나이신 그리스도는 우리를 우리 안에서 보십니다.

— 토머스 머튼

⚏ 나의 묵상

✠ 나의 기도

🕮 성서정과

행 2:1~21	행 2:1~21	행 2:1~21
시 104:24~34, 35하	시 104:24~34, 35하	시 104:24~34, 35하
고전 12:4-13	롬 8:22~27	롬 8:14-17
요 20:19~23	요 15:26-27, 16:4하~15	요 14:8-17

모든 피조물이 이제까지 함께 신음하며, 함께 해산의 고통을 겪고 있다는 것을, 우리는 압니다. 그뿐만 아니라, 첫 열매로서 성령을 받은 우리도 자녀로 삼아 주실 것을, 곧 우리 몸을 속량하여 주실 것을 고대하면서, 속으로 신음하고 있습니다. 우리는 이 소망으로 구원을 얻었습니다. 눈에 보이는 소망은 소망이 아닙니다. 보이는 것을 누가 바라겠습니까? 그러나 우리가 보이지 않는 것을 바라면, 참으면서 기다려야 합니다. 이와 같이, 성령께서도 우리의 약함을 도와주십니다. 우리는 어떻게 기도해야 할지도 알지 못하지만, 성령께서 친히 이루 다 말할 수 없는 탄식으로, 우리를 대신하여 간구하여 주십니다. 사람의 마음을 꿰뚫어 보시는 주님께서는, 성령의 생각이 어떠한지를 아십니다. 성령께서, 주님의 뜻을 따라, 성도를 대신하여 간구하시기 때문입니다. (로마서 8:22~27)

⧉ 묵상

주님, 우리는 당신의 것입니다. 오직 당신만 우리를 소유하시기를 갈
망합니다. 어려움에 처할 때, 평안할 때, 영혼이 메마를 때, 기쁨의 강
이 흐를 때, 건강할 때, 아플 때, 삶과 죽음의 모든 순간을 당신의 것
으로 삼으소서. 오직 이것만을 간구합니다. 당신의 뜻이 우리 안에
서, 우리를 통해 이루어지게 하소서. 오직 이 소망을 붙잡고 기다립니
다. 당신의 영광을 드높이고 삶에 심으신 당신의 뜻을 알기 원합니다.
당신과 교제하면서 우리의 전부를 내어드립니다. 그리고 당신께 간
청합니다. 주님, 우리를 당신께서 사랑하시는 이들을 위해 쓰시는 가
장 하찮은 도구로 삼아주소서. 우리를 역동적인 삶과 고요한 삶의 자
리로 부르소서. 우리가 사랑해 마지않는 기도를 언제나 행하게 하소
서. "당신의 뜻을 이루소서." 자신에게 엄격하고 남에게는 다정하며
친절하게 하소서. 우리를 통하여 다른 이들이 당신을 사랑하게 하소
서. 우리가 겪는 어려움과 오랜 기도와 포기해야만 하는 일들이 당신
께서 우리를 들어 쓰실 때 걸림돌이 되지 않게 하소서.

— 에르제베트 르쇠르

✠ 나의 묵상

✠ 나의 기도

하늘 높은 곳에는 거룩하신 주님께 영광.
땅에서는 그분이 사랑하시는 이들에게 평화.
주님, 하늘의 임금이여, 전능하신 성부여,
당신을 경배하오며 당신께 감사드리며
당신의 영광을 찬미합니다.
주 예수 그리스도, 성부의 외아들이여.
거룩하신 아버지의 어린양이여,
세상의 죄를 없애시는 주여,
우리를 불쌍히 여기소서.
성부 오른편에 앉아 계시는 주여,
우리의 기도를 들어주소서.
거룩하신 성부의 영광 안에 성령과 함께,
예수 그리스도 홀로 거룩하시고,
홀로 주님이시고,
홀로 높으시도다!
아멘.